Inhalt

Zehn Standorte

Henrietta Rose-Innes

1

Der portugiesische Entdecker Bartolomeu Dias umrundete das Kap im Jahre 1488. Er nannte es *Cabo Tormentoso*, Sturmkap. Später wurde es von König Johann in *Cabo da Boa Esperança*, Kap der Guten Hoffnung, umbenannt. Während der Reise entlang der Küste, auf der es zu zahlreichen gewaltsamen Zusammenstößen mit den einheimischen Khoisan kam, ließ Dias hölzerne Kreuze aufstellen, sogenannte *padrãos*. Eines errichtete er nahe bei Cape Point, der spektakulären Spitze des Kontinents. Von diesem Holzkreuz wurde nie auch nur die kleinste Spur gefunden. Zwölf Jahre danach kam Dias bei einem Wirbelsturm im Südatlantik ums Leben.

2

Hinter den Millionärsvillen von Llandudno, hinter dem Nacktbadestrand, wird die Küstenlinie felsig und unwirtlich. Riesige Gesteinsbrocken sind durch Erosion herabgestürzt und hängen nun eingeklemmt über den Hohlräumen, wo sie Wilderern auf der Jagd nach Abalone und Langusten Schutz bieten. Einen dieser Schlupfwinkel hat jemand mit ein paar schlichten Steinmäuerchen ausgebaut. Drinnen sind haufenweise alte Zeitschriften verstreut *(Schwangerschaft & Geburt)*, außerdem zwei Blechbecher, Zigarettenstummel, Langustenscheren, Miesmuscheln und drei nicht zueinanderpassende Turnschuhe. »ADLERHÖHLE« steht in rosa Farbe über dem Höhleneingang geschrieben. An der Seite lehnt eine Planke mit verwitterter Inschrift: »Hallo ihr, willkommen in der Adlerhöhle, die auch mein Zuhause ist. Ich lebe vom Meer und vom Erlös meiner Kunstwerke. Ein paar Leute waren so freundlich … echt nett (?, unleserlich) … dazu Kleiderspenden und Essen. Fühl dich wie zu Hause & schau dich um & genieße die beste Aussicht von ganz Kapstadt. Danke fürs Vorbeischauen und den Schwatz. Schönen Tag noch. Gott mit euch, Stan.« »STAN 1989« steht auf einem Felsbrocken, das »S« ist von Flechten überwachsen. Es ist lange her, dass Stan hier war.

3

Auf dem Highway komme ich an einer Stelle vorbei, wo jemand sich unter der Brücke kurz vor der Ausfahrt zum muslimischen Friedhof sein Nest gebaut hat. Nur ein paar Meter vom brausenden Verkehr entfernt steht eine Baracke aus Schrott, ein Feuerchen brennt, es gibt einen Stapel mit Feuerholz, Hunde und Gartenmöbel aus Plastik. Der Ort strahlt das Selbstbewusstsein eines ganz normalen Hauses aus. Im Unterschied zu anderen illegalen Behausungen wohnt hier keine zusammengewürfelte Notgemeinschaft: Es ist zweifellos das Heim einer Familie. Am Rand der Vorstadt immer irgendwie geduldet, pocht es geradezu trotzig auf seine Eigenart. Doch es wird eng für das kleine Stückchen Heimat: Von der einen Seite wird das Grundstück von einem Lagerhaus bedrängt, auf der anderen Seite entsteht ein Bauprojekt für die Mittelklasse, umgeben von hohen Sicherheitszäunen. Bald, nehme ich an, müssen die Bewohner weichen. Ich werde sie vermissen auf meinem Heimweg.

4

Von der Straße aus kann man die kleine Bucht praktisch nicht sehen. Sie zieht Strandgut geradezu magisch an: Treibholz, Strandlatschen, Plastikflaschen, tote Robben und einmal sogar ein toter Hund. Und doch ist es hier allerliebst: Es gibt einen Hain aus Milkwood-Bäumen und ein Fleckchen Rasen. Ein Bach plätschert sogar an den heißesten Tagen ins Meer. Hin und wieder fahren Ausflugsschiffe vorbei, kommen aber niemals näher. Unter den Bäumen befindet sich ein Lager mit Hängematten aus Fischernetzen; jemand hat hier aus silberfarbenem Treibholz höchst kunstvoll Liegestühle angefertigt. Das Mobiliar wechselt: Neue Sachen kommen hinzu, alte verschwinden. Manchmal nehmen wir einen Stein oder ein Stück Holz mit, wenn wir aufbrechen. Nichts Großes, denn es ist eine ziemliche Kletterei den Abhang wieder hinauf. Wer auch immer sonst den Platz noch nutzt, sie kommen nicht oft hierher: Gras wächst über die Feuerstelle und über die hölzernen Stuhlbeine. Die Einsamkeit des Ortes ist bedroht von Plänen, ein Stück weiter die Küste runter ein »Boutique Hotel« zu bauen. Dann werden wir nicht mehr hierherkommen.

5

Ende des 18. Jahrhunderts desertierte der Amerikaner Joshua Penny, den man in die Royal Navy gepresst hatte, in Kapstadt, verließ sein Schiff und versteckte sich in den Bergen. Dort blieb er fünfzehn Monate: »Ich hatte Fleisch, Sauerklee, Honig und Wasser im Überfluss; jeden Abend konnte ich mein Lied ebenso vergnügt singen wie auch sonst zuvor im Leben. Kurz gesagt, nie habe ich mein Leben mehr genossen als zusammen mit den wilden Tieren am Tafelberg; denn ich hatte mich vor den weit barbarischeren Engländern in Sicherheit gebracht.« Als Penny, in Tierhäute gehüllt, endlich von den Bergen stieg, stellte er fest, dass sein Schiff kurz nach seiner Flucht mit Mann und Maus gesunken war. Er hatte sich die ganze Zeit versteckt, und niemand hatte überhaupt je bemerkt, dass er fort war.

6

Der Wald überwuchert den schmalen Pfad zu der Stelle, wo früher das Baumhaus war. Einmal wollten wir den Weg mit einem roten Stein markieren, doch beim nächsten Mal war der Stein nicht mehr da. Das Gebilde tauchte jedes Mal von Neuem wieder ganz überraschend vor uns auf: Das Haus war um die ineinandergedrehten Zwillingsstämme eines uralten Baumes herumgewoben, die Zweige waren mit Kletterseilen zusammengebunden. Es herrschte friedvolle Ruhe in der blätterumspielten Laube. Wir fanden Kerzenstummel und, unter einer Holzbank versteckt, massives, stark abgenutztes Werkzeug – Schneidegerät, Zangen. An einer Art Stiege aus geflochtenen Lianen konnte man am Stamm nach oben in die Baumkrone klettern, in die aus Holz Hochsitze gebaut worden waren. Etliche prächtig gedeihende Marihuana-Pflanzen standen in Blumentöpfen herum. Ungefähr ein Jahr, nachdem wir das Baumhaus entdeckt hatten, wurde es vernichtet, wahrscheinlich von Parkwächtern. Die hochgebundenen Zweige waren auseinandergerissen, die Hanfpflanzen fortgeschafft worden. Nur die Strickleiter war noch da und führte hinauf bis in den Himmel.

7

Über vierhundert Jahre lang wurde Robben Island als Strafkolonie genutzt; Verbannte und Sklaven wurden von den Holländern und den Briten hierhergeschickt, um Kalkstein abzubauen. Unter den Gefangenen war das Oberhaupt der Khoi, Autshumato, der 1657 gefangen gesetzt wurde; außerdem politische und religiöse Führer aus den holländischen Kolonien wie etwa Imam Tuan Garu; Anführer der Xhosa wie Maqoma und Makhanda (der bei einem Fluchtversuch ertrank); weiterhin der Chef der Hlubi, Langalibalele. Später wurde die Insel Leprakolonie, und ab 1959 befand sich hier das berühmt-berüchtigte Apartheid-Gefängnis. Über dreitausend politische Gefangene waren auf Robben Island eingesperrt, der bekannteste von ihnen war Nelson Mandela, der achtzehn Jahre seiner siebenundzwanzigjährigen Gefangenschaft in einer winzigen Zelle auf der Insel verbrachte.

8

Zwischen der Tafelberg Road und den letzten Häusern von Oranjezicht liegt ein schroffes, abschüssiges Gelände. Die Vegetation hier macht mich irgendwie beklommen. Es wachsen viele Pflanzen, die eigentlich nicht hierhergehören. Das und der herumliegende Abfall vermitteln den Eindruck von Verderbtheit und Vernachlässigung, diese Gegend ist nicht wirklich Teil der Berglandschaft, eher ein heruntergekommener Winkel der Stadt. Unter niedrigen Bäumen stoße ich auf eine Kuhle im Gras, darin liegen einige verkohlte Zeitungen und eine leere Flasche. Hier allein zu sein, macht mich nervös. Mir ist nicht wohl in meiner Haut: Die armseligen Spuren zeugen nicht von Persönlichkeit, wie es die meisten anderen Schauplätze tun, sondern nur von Bedürftigkeit. Wer auch immer sich hier niedergelassen hat, besaß rein gar nichts. Hier gibt es keine flotten Botschaften, keine originell ineinandergeflochtenen Zweige. Und trotzdem: Selbst diese kleine Lagerstatt bietet das Allernötigste – Feuer, Unterschlupf, Überlebensraum.

9

Die Hütte und der verrostete Wohnwagen stehen an der Einzäunung zum Cape-Point-Naturreservat, in Sichtweite der Ferienhäuser, jedoch deutlich von ihnen abgesetzt. Der alte

Mann, der hier gewohnt hat, war eine Art Einsiedler. Wie es heißt, wurde er von Jugendlichen aus der Gegend umgebracht. Es gab das Gerücht, er habe seine ganzen Ersparnisse unter der Matratze aufbewahrt. Seine Behausung wurde komplett verwüstet, was darin war, haben sie einfach rausgeschmissen, alles ist vollgeregnet und vollgepisst. Draußen hat jemand zum Gedenken ein paar Steine arrangiert und Feldblumen dazugelegt. Drinnen im Wohnwagen liegen jede Menge Bücher und Zeitschriften – mehrere Jahre alte Exemplare von *Reader's Digest* und *Woman's Value*. Ich hebe ein paar kleine Badezimmerkacheln auf. Außerdem nehme ich eine leicht angestaubte Taschenbuchausgabe von Machiavellis *Der Fürst* mit. Einst muss dies ein himmlischer Platz zum Leben gewesen sein.

10

Der Highway rauscht am Kongresszentrum vorbei runter zum Touristenviertel Waterfront. Kurz vor der Kreuzung teilen sich die Spuren und bilden eine Verkehrsinsel, auf der ein paar große alte Bäume stehen. Die staubigen Blätter bilden ein Dach über dem Verkehrsfluss zu beiden Seiten, die Luft ist verpestet. Wie ich an der Insel vorbeikomme – und ich fahre zügig, denn dies ist keine gute Gegend –, mache ich eine Entdeckung: Die Bäume haben etwas Hexenhaftes, komische Fäden hängen von den oberen Ästen herunter. Als ich näher hinsehe, erkenne ich geknotete Seile und Lumpen, die von Augenhöhe an aufwärtsführen; Fetzen schmutzigen Stoffs sind zwischen die Zweige gestopft. Ich begreife: In diesen Bäumen leben Straßenkinder, die anscheinend die Kletterleinen hinter sich hochziehen, um menschliche Raubtiere fernzuhalten. Die brüchigen Steigleitern haben nichts Einladendes: Diese Baumwohnstatt hat die feindselige Atmosphäre eines hart umkämpften Territoriums. Ich schaue weg. Ich möchte nicht, dass Augen aus den Blättern mein Starren erwidern.

Kapstadt ist von der Wildnis geprägt: Zwei Weltmeere und der kilometerhohe Tafelberg befinden sich mitten in seinem Zentrum. Auf der Halbinsel liegen ein paar der begehrtesten Grundstücke der Welt – Herrenhäuser, Weingüter und Strände; zugleich hat sie einen Boom illegaler Landnahme zu verdauen, Behausungen, die aus Alteisen und Plastik zusammengenagelt sind. Wie andere südafrikanische Städte auch steht Kapstadt durch die Planungsfehler der Apartheid-Ära mit einer Infrastruktur da, die eine Integration der armen Bevölkerung sehr erschwert.

Zwischen diesen Extremen – Stadt und Wildnis, Luxus und Armut – tun sich gelegentlich Areale auf, wo Meer und Berge dem Gast ungewöhnliche Nischen bieten (genau solche Nischen nutzten übrigens bereits die »*Strandloper*«, wenn sie als Jäger und Sammler Schalentiere von den Felsen klaubten, und zu späterer Zeit Sklaven und Sträflinge, die sich auf der Flucht an den Berghängen verbargen). Menschen richten sich ein Heim an den abwegigsten Orten ein, wo ein Leben eigentlich überhaupt nicht möglich scheint. An den Ausläufern der Stadt konstruieren sie, ohne eine Baugenehmigung je eingeholt, geschweige denn erhalten zu haben, ausgefallene, für sich allein stehende Gebilde.

In anderen Städten gibt es auch exzentrische Gebäude, auch Außenseiter-Kunst, die als Wohnstatt dient. Kapstadt jedoch ist ein Stück weit durchlässig – seine unscharfen Ränder führen dazu, dass skurrile Eigenbrötler absorbiert werden und weitgehend unbemerkt bleiben, wenn sie an der Peripherie ihr Heim errichten. Solche Orte können einen ziemlich verwirren. Sie tragen die Stadt in die Wildnis hinein und rücken damit zugleich die Wildnis näher heran. Die Übergänge verschwimmen. Diese Standorte sind normalerweise schwer zugänglich und doch in Reichweite der Stadt, sodass ein gewisser urbaner Komfort gewährleistet ist: Gewöhnlich findet man dort Überreste von Zigaretten, Streichhölzern, Kerzen, Alkohol, Zeitungen und Pappkartons zum Schlafen. Häufig liegen sie im Schatten gut situierter Vorstädte, nahe am Berg oder im Umkreis der besten Strände. Manche sind offensichtlich nie Vollzeit-Unterkünfte gewesen, eher so etwas wie Ausflugslager oder Wallfahrtsorte. An ihrer Gestaltung erkennt man die Handschrift exzentrischer, schöpferischer, durchaus auch verwirrter Seelen – von Menschen, die die Mühsal einer derart ausgesetzten Lebensweise auf sich genommen haben. Vielleicht haben sie der Stadt fluchtartig den Rücken gekehrt; vielleicht hatten sie Visionen, sei es wahnbesessene, sei es geniale, die nur in der Einsamkeit verwirklicht werden können. Diese Orte sprechen nicht von Gemeinschaft, sondern von Isolation.

Wer sich auf diese Schauplätze einlässt, begegnet einigen typisch südafrikanischen Merkmalen und Motiven, als da sind: das Misstrauen und die Angst vor Fremden, gepaart mit der tief verwurzelten Neugier, wie die anderen wohl leben; der Unwille oder die Unfähigkeit, andere in ihrer intimen Umgebung zu erleben; der Reiz des Fremden, dies dann doch zu tun.

Aus den aufgefundenen Anhaltspunkten lassen sich kaum Schlüsse auf Rasse und Klasse der Nestbauer ziehen. Sie bleiben mysteriös, unsichtbar. Die Spuren an diesen Orten prekärer Häuslichkeit sind von ihren Bewohnern selbst verwischt oder durch äußere Einflüsse gelöscht worden. Als Außenseiter, die sie waren, haben diese Menschen die Gemeinschaft wahrscheinlich abgelehnt, wollten bewusst unerkannt bleiben. Man kann nur mutmaßen, dass es sich überwiegend um Männer handelt: Frauen wären an derart exponierten Orten äußerst gefährdet.

Einige erinnern mich an archäologische Stätten, als stumme Zeugen beschwören sie das Leben von einst. An prähistorischen Stätten bleibt auch der Ekel aus, den ich angesichts menschlicher Abfälle normalerweise empfinde. Im Kontext eines spezifischen »Standortes« – abgesteckt durch eine Höhle, eine Laube aus Zweigen, einen Steinkreis – werden die Zigarettenpackungen und leeren Flaschen zu Artefakten, zu Zeichen. An solchen Schauplätzen habe ich nicht den Eindruck, in jemandes Privatsphäre einzudringen. Wie die längst gestorbenen Bewohner prähistorischer Höhlen hätten auch die nicht mehr anwesenden Besetzer unserer Schauplätze sicher nichts gegen meinen Besuch. Sie haben ihre Heimstatt offen gelassen, geradeso als sollte ich sie finden.

Handgemachte Unterkünfte aus vorgefundenen Materialien sind indessen nichts Ungewöhnliches. Alle inoffiziellen Niederlassungen sind so: Khayelitsha, Crossroads, KTC, Imizarno, Yethu und zahllose andere. Und das sind große etablierte Gemeinwesen. Selbst mitten in der offiziellen Stadt schaffen Menschen sich kleine Dörfer auf Zeit, wie seinerzeit etwa die Ansiedlung unter der halbfertigen Hochstraße am Ufer. Und dann gibt es da noch, weitaus dürftiger, die Schlafplätze der Obdachlosen auf dem Straßenpflaster. Ich schaue zur Seite, wenn ich daran vorbeikomme: Es ist ungehörig, durchs Fenster in anderer Leute Schlafzimmer zu starren, wie fiktiv diese auch sein mögen. Ich bin quasi immer auf Forschungsreise, auch wenn ich im Sessel sitze oder im Bett liege. Diese Heimstätten sind arm, doch sie sind der Lebensraum wirklicher Menschen.

Die von mir ausgewählten Stätten sind recht unterschiedlich. Überwiegend lassen sie den Moschusgeruch dauerhafter Bewohnung vermissen. Ihr Charisma besteht darin, dass sie leer sind – andernfalls wäre ich befangen und würde sie meiden, um jeder Begegnung aus dem Weg zu gehen. Diese Behausungen gleichen getrocknetem Seegetier, in dem längst kein Fleisch mehr ist, von dem nur noch Muschelschalen

übrig sind … Ich kann hineinkriechen und den Platz des ur-
sprünglichen Besitzers einnehmen. An manchen dieser Orte
habe ich ein paar Stunden oder gar eine ganze Nacht ver-
bracht, und es ist eine Art Vertrautheit entstanden. Ich mache
Feuer in der verlassenen Feuerstelle, lege meine Hände dahin,
wo andere Hände gelegen haben. In diesen Momenten bin ich
es, die hier wohnt. Der nächste Gast, der vorbeikommt, mag
seinerseits Asche oder einen Apfelbutzen vorfinden und sich
dann vorstellen, wie ich hier gewesen bin.

Wie gesagt, habe ich in den vorzeitlichen Felsenwohnun-
gen und an den Schauplätzen historischer Höhlenmalerei,
von denen es in der Region Western Cape eine Menge gibt,
dieselbe Verbundenheit gespürt, habe mich in vergleichbarer
Weise in fremdes Leben hineinversetzt. Solche Plätze haben
eine starke Ausstrahlung von Intimität. Eine Feuerstelle, ein
Schlafplatz, in der Nähe Wasser: Was der Mensch zum Leben
braucht. Wenn ich einen Holzscheit ins Feuer werfe, könnte
ich ebenso gut fünfhundert Jahre früher leben; oder fünftausend. Ich habe diese Schlupfwinkel nicht bewusst gesucht,
ich bin einfach meinem eigenen Impuls gefolgt. Dieselben
Standorte, die ihre unbekannten Arrangeure gewählt haben,
hätte ich selbst auch ausgesucht: Meine eigenen Träume von
Alleinsein und Rückzug haben mich in dasselbe Wäldchen
gelockt, zur selben Aussicht geführt. Auch ich träume davon,
ein geheimes Versteck zu haben – eines, das hier irgendwo in
der Gegend liegt, zugleich aber in einer anderen Dimension
existiert, wo die Macht der Kontrolle und naher Bindungen
nicht hinreicht. Die Standorte, von denen hier die Rede ist,
gehören jeweils zwei einander überlappenden Universen an:
Sie sind zugleich wild und domestiziert, neu und alt, real und
illusionär. Auf den ersten Blick sehen sie oft einfach nur wie
Slumbaracken aus, Machart und Baustoff zeugen von einer
ärmlichen Lebensweise; beim bürgerlichen Besucher gehen

automatisch alle Alarmglocken an: Nichts wie weg hier! Andererseits sind sie an den zauberhaftesten Stellen der Stadt gelegen; das wiederum macht sie attraktiv, fast hat man das Gefühl, nach Hause zu kommen. An der Feuerstelle eines Fremden zu sitzen, nur ein paar Meter entfernt vom Meer, das gegen die Felsen brandet, verknüpft zwei Gemütslagen miteinander: den Nervenkitzel eines Übergriffs mit der Lust, in der Natur aufzugehen. An diesen Plätzen, die sowohl städtisch sind als auch wild, ist es die Wildnis, die beruhigend wirkt. Wildnis ist allemal sicherer als eine feindselige Zone der Stadt.

Doch die Küsten und Berghänge Kapstadts sind keine wirkliche Wildnis, und zwar zunehmend weniger. In den randstädtischen Gebieten kommt es immer häufiger zu gewalttätigen Angriffen. Die schiere Angst um Leib und Leben mag einer der Gründe sein, warum die schutzlosen Menschen hier draußen ihre bescheidene Heimat in Höhlen und Wäldern aufgegeben haben. Heutzutage wagen anscheinend immer weniger Einsiedler ein Leben am Rande der Gesellschaft. Der Traum vom Rückzug in die Idylle der Wildnis zerplatzt, sobald sich herausstellt, dass die Wildnis weniger unbewohnt ist als vermutet und keineswegs freundlich.

Die Behausungen am Rande der Gesellschaft mögen Orte der Bitterkeit und des Verlustes sein, und doch: Einst wurden auch hier Träume verortet. Oder sie zeigen einfach nur Scheitern, Ausgeschlossensein, Entbehrung. Diejenigen, die sich einen Platz in der Welt erkämpft haben, wollen ihn nicht mit Fremden teilen. Sie beharren auf ihrer Stellung, sie lassen sich nicht davonjagen; und ihre Häuser sind bestimmt nicht Wind und Wetter ausgesetzt.

Doch die bescheidenen Heimstätten können auch Entdeckerfreude und geradezu kindliches Entzücken wecken. In ihnen manifestiert sich das älteste Menschenrecht: sich mit einfachem Material und ein paar Grundfertigkeiten seinen eigenen Platz zu schaffen. Und sie artikulieren auf ihre Weise Widerstand – gegen die Gemeinde und die Verwaltung der öffentlichen Anlagen; gegen die Gesellschaft und ihre Konventionen; gegen die Verantwortlichen, die darüber entscheiden, wer in den edlen Stadtteilen wohnen darf und wer nicht; gegen die Gleichförmigkeit des Stadtbildes; gegen den demonstrativen Prunk der eingezäunten Grundstücke, gegen den Allmachtsanspruch der Architekten, gegen den Dünkel von Ziegel und Mörtel.

Gar nicht weit von unseren Schauplätzen entfernt breiten sich die bewachten Stadtviertel und die Golfplätze weiter aus. Die meisten sind von ausländischen Investoren aufgekauft worden. Die riesigen Villen stehen häufig leer oder werden nur für ein paar Wochen im Sommer genutzt. Durch Sicherungsanlagen und Elektrozäune hindurch kann man manchmal einen Blick in leere Zimmer erhaschen. Sie sind mit Whirlpools und den allerneuesten Geräten ausgestattet, die Einrichtung ist vom Feinsten. Aber sie haben keine Geister, keine wahre Substanz, keine geheime Geschichte. Sie lassen mich nicht ein.

Das Kap
Alan Paton

Wenn ihr zu Schiff nach Südafrika reist, dann landet ihr in Kapstadt, das am Fuß des Tafelberges liegt. Dieser Berg erhebt sich 3600 Fuß hoch über dem Meere, und sein Rücken ist lang und flach wie ein Tisch. Manchmal, wenn der Himmel sonst ganz klar ist, liegt eine feine, dichte, weiße Wolkenschicht auf dem Berg, und die nennt man das Tafeltuch.

Der große Geschichtsschreiber Herodot berichtet, dass sechshundert Jahre vor Christi Geburt ägyptische Segelschiffe den afrikanischen Kontinent umschifften. Aber erst 1486 nach Christi Geburt wird zum ersten Mal berichtet, dass ein Mensch den großen Berg vom Meere aus gesehen hat. Dieser Mensch war Bartolomeu Dias, der in so üblem Wetter das Kap umfuhr, dass seine Leute es das Kap der Stürme nannten; als aber König Johann von Portugal von der Entdeckung hörte, begriff er ihre einschneidende Bedeutung und gab dem Kap einen neuen Namen: das Kap der Guten Hoffnung; und so heißt es bis auf den heutigen Tag. Andere Sachverständige behaupten aber, dass Dias selber, als er bei besserem Wetter die Rückreise machte und auf dem Heimweg war, dem Kap diesen schöneren Namen gab. Der berühmte englische Seefahrer Sir Francis Drake nannte es »das schönste Kap des Erdkreises«.

Geschichtlich betrachtet, ist das Kap dreihundert Jahre alt.

Man schrieb 1652, als van Riebeeck dort mit den ersten Holländern landete, um für die Schiffe der Holland-Ostindien-Gesellschaft eine Raststation auf der Route nach den östlichen Ländern zu begründen, und sein Denkmal steht am unteren Ende der Adderley Street in Kapstadt. Das Kap ist ganz anders als das übrige Südafrika. Der Unterschied liegt in der Gebirgslandschaft, in den Weinbergen und im Klima und auch darin, dass es eine Geschichte hat, denn von dem übrigen Südafrika weiß man geschichtlich erst seit etwa hundert Jahren.

Ehe wir weiterreisen, wollen wir ein paar Tage in Kapstadt bleiben. Die Stadt hat zwei Drittel Millionen Einwohner, und es gibt viel zu sehen. Wir müssen unbedingt einen Ausflug nach Cape Point machen, dorthin führt eine der großartigsten Berg- und Küstenstraßen der Welt. Hier fallen die Berge senkrecht ins Meer ab, und die Straße führt mehrere Hundert Fuß über dem Atlantischen Ozean an den Hängen entlang. Dann senkt sie sich und führt auf der schönen, einsamen Landzunge der Kap-Halbinsel bis zum Leuchtturm Cape Point. Hier gibt es viele Hundsaffen, die man füttern kann, aber zum Spielen eignen sie sich nicht. Mehrere Hundert Fuß unter uns ist das blaue, klare Wasser des Atlantischen Ozeans, und wir sehen die langen schwarzen Leiber der Haifische.

Und sogar zwei Ozeane könnt ihr von hier aus sehen! Wenn ihr nach Süden blickt, so ist das Wasser zur Rechten der Atlantische Ozean, derselbe, der die Ostküste Amerikas umspült. Zur Linken ist der Indische Ozean, der die Westküste Australiens umspült; sein Wasser ist warm und angenehm, aber der Atlantische Ozean ist kalt.

Nun verlässt der Omnibus Cape Point und fährt nordwärts nach Kapstadt zurück, an der Küste der False Bay entlang. Hier fahren wir an dem Hafen Simonstown vorüber, wo das afrikanische Geschwader der britischen Flotte beheimatet ist; dann an den Badeorten Fish Hoek, Kalk Bay, St. James und schließlich Muizenberg vorbei, das den schönsten Strand von Südafrika besitzt. Drüben auf der anderen Seite der False Bay sieht man die Mauer des Hottentots-Holland-Gebirges, manchmal klar, manchmal im Dunst, immer majestätisch.

Bald sind wir wieder an den Hängen der Kapstädter Berge und fahren den Vaal Drive entlang. Dieser Teil der Stadt atmet noch den Geist von Cecil John Rhodes, der Millionär-Ministerpräsident der Kapkolonie war, ehe es noch eine Union gab. Hier ist »Groote Schuur«, das heißt »Große Scheuer«, das Wohnhaus, das der bedeutende Architekt Herbert Baker für ihn baute. Rhodes stiftete dieses Haus als Residenz der Ministerpräsidenten der Südafrikanischen Union, und auch heute wohnt hier der Ministerpräsident.

Hier sind auch die schönen Gebäude der Universität Kapstadt, das großartige Krankenhaus und das Rhodes-Denkmal selbst; wenige Bauwerke in der Welt haben eine so prachtvolle Lage und einen so majestätischen Hintergrund.

Wir dürfen auch nicht versäumen, ein paar der alten holländischen Häuser zu besuchen. Keine Beschreibung kann ihnen gerecht werden, man kann nur sagen, dass sie weiße Mauern haben und Giebel und Fenster mit Läden, dass sie von Eichen beschattet werden und inmitten der Weinberge stehen. Sie schwelgen in Namen wie: Vergelegen (weit entlegen), Rhone, Meerlust, Groot Constantia, La Gratitude, Perel Vallei (Perlental), Stellenberg und Alphen. Sie sind vollkommen in ihrer Art. Groot Constantia ist leicht erreichbar. Das war das Heim des Gouverneurs Simon van der Stel und wurde 1685 vollendet. Nachdem es abbrannte, wurde es stilgetreu auf Regierungskosten wiederaufgebaut, und man kann es besichtigen. Die meisten dieser alten Häuser haben Sklavenquartiere, die man sich ansehen kann; aber von diesen Sklaven wird später die Rede sein, wenn wir uns mit der Geschichte von Südafrika beschäftigen.

Nun sind wir wieder in Kapstadt, versäumen wir nur nicht, uns das Kastell anzusehen, das älteste Bauwerk Südafrikas. Hier wird man auf grimmige Weise daran erinnert, wie dazumal die Gefangenen behandelt wurden. Dann gibt es noch das Koopmans-de-Wet-Museum mit schönen, altholländischen Möbeln und das Martin-Melck-Haus, beides malerische alte Gebäude. Wir müssen auch den Platz in der Adderley Street und den Marktplatz hinter der Post aufsuchen, wo auf dem Blumenmarkt vielerlei wilde und Gartenblumen feilgeboten werden. Wir sollten uns auch die beiden botanischen Gärten, den städtischen in Kapstadt und den staatlichen in Kirstenbosch, ansehen – beide haben als Hintergrund die prachtvolle Gebirgslandschaft. Es gibt auch zwei bekannte Kunstsammlungen in Kapstadt, die nationale Kunstgalerie und die Michaelis-Galerie; und neben dem städtischen botanischen Garten ist das südafrikanische Museum. Kapstadt setzt seinen Stolz darein, die »erwachsenste« und kultivierteste Stadt Südafrikas zu sein.

Die holländisch-reformierte Kirche in der Adderley Street ist die älteste noch stehende Kirche in Südafrika; der Bau wurde 1699 begonnen. Die lutherische Kirche in der Strand Street ist ein schönes altes Bauwerk, das 1780 begonnen wurde. Es gibt auch anglikanische und katholische Kirchen; und damit wir nicht vergessen, dass Kapstadt kosmopolitisch ist, gibt es die Moscheen, wo die Malaien Gottesdienst halten, die Abkömmlinge der Sklaven, die in früher Zeit nach Afrika gebracht wurden.

Es gibt noch viel mehr zu sehen, aber unbedingt müsst ihr das Parlamentsgebäude sehen, wo die Gesetze der Union gemacht werden. Die Union ist ein kleines Land, aber für ihre Gesetze interessiert sich die ganze Welt, vor allem deshalb, weil sie sich augenblicklich hauptsächlich mit der strikten Trennung aller in Südafrika lebenden Rassen befassen.

Nun müssen wir auf den Tafelberg hinauf, zu Fuß, falls wir uns der Anstrengung gewachsen fühlen – wenn nicht, fahren wir mit der Drahtseilbahn. Die Aussicht vom Bergplateau ist herrlich und trägt viel zum Verständnis der geografischen Lage Kapstadts bei. Denn diese Stadt, die fast am südlichsten Ende des Erdteils Afrika liegt, bietet einen höchst verwirrenden Anblick, bis einem klar wird, dass sie gar nicht nach Süden, sondern nach Norden ausgerichtet ist.

Der Walrufer
Zakes Mda

Nach fünfunddreißig Jahren kehrte er in sein Heimatdorf Hermanus zurück und mietete sich von seiner mageren Rente eine kleine Hütte mit zwei Zimmern im Hinterhof eines freundlichen Witwers. Aus dem Dorf war ein wunderschönes Urlaubsstädtchen geworden. Doch hatte der Ort den Geist des Dorfes aus seiner Jugend nicht verloren. Viele Wahrzeichen waren noch so wie in seiner Erinnerung – wie zum Beispiel Hoy's Koppie aus seinen religiösen Tagen. Noch immer lag der Ort eingebettet zwischen den Kleinriver-Bergen und dem Meer. Noch immer trugen die Berge an bestimmten Tagen ihre Nebelkrone. Doch vieles hatte sich auch verändert. Entlang der Küste standen neue Häuser, meist weiße Landhäuser und Bungalows mit roten oder schwarzen Ziegeldächern, andere mit Schilf gedeckt, das schon schwarz geworden war, und es gab auch zwei- und dreigeschossige Häuser. Viele davon gehörten reichen Leuten, sogar aus Johannesburg, wie er erfuhr, die einen Teil des Jahres in der entspannten Atmosphäre des Dorfes verbrachten und ihren Reichtum genossen. Andere Häuser gehörten Millionären im Ruhestand, die beschlossen hatten, ganz hier zu leben. Für einen Normalbürger war es unmöglich geworden, im Paradies seiner Kindheit Grundbesitz zu erwerben.

Und noch etwas hatte sich verändert. Das Städtchen war nun bei Touristen sehr beliebt. Es hatte sich eine neue Mode entwickelt: die Walbeobachtung. Die Wale schienen sich seit seiner Jugend verzehnfacht zu haben. Die Hauptsaison war September und Oktober, dann versammelten sich täglich Tausende von Touristen aus vielen Ländern der Erde auf den Klippen und an den Stränden, um zuzusehen, wie die Wale im Wasser spielten und unter dem Jubel der Zuschauer ihre Kapriolen machten. An einem guten Tag sprangen bis zu zwanzig Wale in die Höhe und klatschten weithin hörbar wieder ins Wasser.

Der Walrufer sah dies alles und fühlte sich wie ein Eindringling im Leben der Walbeobachter und der Einwohner. Keiner kannte ihn mehr. Die Menschen fragten sich, wer der große, muskulöse Fremde in dem blauen Overall war. Sie staunten über seinen großen kahlen Kopf und das zerfurchte Gesicht, das sich halb hinter einem silbernen Bart versteckte. Sie beobachteten ihn neugierig, wie er da auf den Klippen stand, manchmal feierlich gekleidet im Smoking, und mit seinem Horn nach den Walen blies. Er schien den Menschen nicht sonderlich wohlgesinnt zu sein, also hielten sie sich von ihm fern. Sie waren ihm fremd. Fast alle, die er gekannt hatte, hatten diese Welt entweder schon verlassen oder waren auf der Suche nach einem besseren Leben in die Städte gezogen. Selbst Seine Bischöfliche Eminenz von der Kirche des Heiligen Seetanghorns hatte Ninive verlassen und war in himmlische Gefilde eingegangen.

Der Walrufer bemerkte den offiziellen Walschreier, der vom Tourismusbüro beschäftigt wurde. Es handelte sich um einen liebenswürdigen Herrn aus Zwelihle Township, ein paar Kilometer entfernt, und man hielt ihn für den einzigen Walschreier auf der ganzen Welt. Der Walrufer missgönnte dem Walschreier seinen Titel keineswegs. Sie standen nicht in Konkurrenz. Er war ja kein Walschreier, sondern Walrufer!

Ihm fiel auf, wie beliebt der Walschreier bei den Touristen und den Bewohnern war. Er beobachtete, wie der Walschreier, der in seiner schmucken schwarz-weißen Dienstkleidung und dem merkwürdigen Hut prächtig anzuschauen war, in sein Seetanghorn blies, um die Touristen zu informieren, wo gerade Wale zu sehen waren. Manchmal tauchten die Tiere bei der Grotte oder an den Voëlklip-Stränden auf, ein andermal vielleicht bei Kwaaiwater oder Siever's Punt. Der Walschreier blies nach einem besonderen Code, der auf der großen Tafel vor seiner Brust zu lesen stand, in sein Horn, und so wussten die Touristen ganz genau, von wo aus sie die Wale sehen konnten und wie viele Tiere es waren. Manchmal arbeitete der Walschreier auch als Fremdenführer und zeigte den Besuchern die Sehenswürdigkeiten des Ortes.

Anfangs beneidete der Walrufer den Walschreier um die Aufmerksamkeit und den Ruhm, die ihm der Titel als Einziger seiner Art auf der Welt einbrachte, doch schon bald wurde ihm klar, dass seine Lebensaufgabe ganz anders geartet war als jene des Walschreiers. Dieser machte die Menschen auf die Aufenthaltsorte der Wale aufmerksam, der Walrufer aber rief die Wale zu sich, fast so ähnlich wie die Hairufer von New Ireland.

Der Vergleich mit den Hairufern stammte von einem Seemann, der ihn dabei beobachtet hatte, wie er Wale rief. Der Seemann erzählte ihm, dass die Hairufer von New Ireland – einer Inselprovinz von Papua-Neuguinea – die Haie mit ihren Stimmen und dem Geklapper von Kokosnussschalen unter Wasser anlocken. Die Haie kommen zu den Booten geschwommen, von wo aus man sie harpunieren oder mit Netzen fangen kann. Manchmal lockt das Klappern den Hai auch durch eine Schlinge. Ein Seil, das an der Schlinge festgemacht ist, ist mit einem hölzernen Propeller verbunden, der gedreht wird, um die Schlinge enger zu ziehen, wenn man das Seil einholt. Dann kann der Hai sich nicht mehr rühren.

Als der Walrufer zum ersten Mal von den Hairufern hörte, hasste er diesen Vergleich. Er ruft die Wale ja nicht, um sie zu töten. Wal zu essen, wäre für ihn gleichbedeutend mit Kannibalismus. Er ruft sie, weil sie ihm Freude bereiten. Und am liebsten ruft er sie, wenn er allein ist, um die intime Nähe zu genießen. Seit er nach Hermanus zurückgekehrt ist, hat er kaum noch Privatsphäre, so gedrängt voll mit Touristen ist der Ort während der Walsaison. Bisher konnte er aber seine Gespräche und Zwiegesänge mit den Walen ungestört von den Aktivitäten der Stadt und seiner Attraktion der Walbeobachtung führen. Und er hat es geschafft, sich vom offiziellen Walschreier fernzuhalten.

Seit seinem ersten Horn hat er noch Hunderte von Seetanghörnern besessen, doch dieses, das er so liebevoll an die Brust drückt, ist sein bestes, denn damit hat er Sharisha zum ersten Mal angelockt. Der Walrufer schließt die Augen und versinkt in einen Strudel traumlosen Schlafs.

Als er am nächsten Morgen erwacht, versammeln sich auf den Klippen über ihm bereits die ersten Walbeobachter. Sie suchen den Horizont mit ihren Ferngläsern ab.

Er schleicht gedemütigt über das Pflaster neben dem Parkplatz, man sieht es seinem Gang an. Dort hat sich bereits eine Menschenmenge versammelt. Die üblichen Touristen mit blumengemusterten Hemden und Trauermienen. So als habe sie jemand gezwungen, hierherzukommen. Fernglas und Kamera hängen ihnen schwer um den Hals. Flipflop-Sandalen schlappen leise wie Trommeln zu den Trauergesängen. Dicke Amerikaner, schüchtern, wenn sie allein sind, in der Gruppe jedoch laut und arrogant. Schmächtige Japaner, die sich noch von den alltäglichsten Dingen erregen und faszinieren lassen. Südafrikaner aus dem Inland, bescheiden und noch deutlicher fehl am Platz als die Amerikaner und Japaner. Beim leisesten Anlass fotografieren alle wie wild und verfolgen alles, was sich an Land und auf dem Wasser bewegt, mit Camcordern.

Heute sind noch mehr von den walbeobachtenden Eindringlingen da als sonst. Die Stadt feiert ihr alljährliches *Kalfiefees* – das Walkalbfest. Auch die Einheimischen, die sich sonst nicht sonderlich für Wale interessieren, sind in Scharen gekommen. Manche von ihnen bieten ihre Waren an. Der Parkplatz ist voller Stände und Tische, auf denen Köstlichkeiten der Kapmalaien angeboten werden, dazu auch Zuckerwatte, Biltong vom Strauß, Zitronenmarmelade, Schmuck und Spielzeug aus Walknochen. Würzige und süße Düfte vermischen sich mit dem Geruch von Salz und verrottendem Seetang, den die Hitze vom Meer aufsteigen lässt.

Viele sind nur gekommen, um sich das Spektakel der Jongleure, Pantomimen, Banjo spielenden Straßenmusikanten und Tänzer in grotesken Walkostümen anzuschauen. Oder um gemeinsam die Luft anzuhalten, wenn Adrenalinsüchtige sich an Bungee-Seilen von den hohen Klippen stürzen, nur um wieder hochgerissen zu werden, kurz bevor ihre Körper auf die Felsenriffe im Meer treffen. Blasse Burschen aus Zwelihle führen den *haka* auf, zeremonielle neuseeländische Kriegsgesänge begleiten den Furcht einflößenden Tanz, den sie dem neuseeländischen Rugbyteam abgeschaut haben. Andere singen *Shosholoza,* das Arbeitslied, das vom südafrikanischen Rugbyteam zur Hymne erklärt wurde, und führen dazu in Gummistiefeln einen aus dem Takt geratenen Tanz auf. Die Touristen promenieren und vollziehen so ihren Teil des Rituals, lassen Münzen in Emailleschüsseln oder Softdrinkdosen fallen, ohne den Vorführungen der Burschen allzu viel Aufmerksamkeit zu schenken. Manche geben lieber Obst oder Süßigkeiten, weil sie argwöhnen, die Burschen könnten das Geld für Rauschmittel wie Klebstoff, Benzin oder gar Mandrax Tabletten ausgeben.

Der Walrufer bahnt sich seinen Weg durch die regenbogenbunte Menge. Die *Rainbow People* des neuen Südafrika, das doch schon zehn Jahre alt ist. Im Leben einer Nation sind zehn Jahre eine Sekunde. *Rainbow People* tragen regenbogenbuntes Haar. Manche Köpfe sehen aus wie Geburtstagskuchen mit Zuckerguss. Schwarzes Haar mit silbernen Streifen. Orangefarbenes und blaues Haar mit goldenen Streifen. Wasserstoffblond mit schwarzen Tupfern. Modeltypen mit langen Beinen und untersetzte Omas. Breitschultrige, barbrüstige Männer in nassen Bermudahosen, mit grünen, blauen, schwarzen, roten und gelben Schlangen- oder Drachentätowierungen auf goldbraun gebrannter Haut.

Haare. Diese Plage, die sie auf ihren Köpfen tragen müssen und die die Position noch betonen, die sie in den strengen Hierarchien der Vergangenheit eingenommen haben. Aller Makel der Menschheit steckt in den Haaren. Doch nun haben die Menschen es geschafft, ihre Schande zu verbergen: Sie malen ihre Haare in den Farben an, die sie alle zu *Rainbow People* machen. Ohne Ausnahme. Ohne Vergangenheit. Ohne Groll. Ohne Hierarchien. Nur die Augen verraten die ungeheure Lüge. In diesen Augen erkennt man ein Volk, das wie im Taumel lebt. Die *Rainbow People* wandern in einem unsicheren Traum umher, der jeden Moment zu einem Albtraum explodieren könnte.

Der Walrufer besieht sich das bunte Haar der Umstehenden und ist dankbar dafür, dass er schon recht früh im Leben von seinem Schopf befreit worden ist – er war Mitte dreißig –, lange bevor es auch nur eine Andeutung von *Rainbow People* gab. Wenn er sich bürstete, fielen ihm die Haare erst allmählich aus, dann rasend schnell, selbst im Schlaf. Er wanderte an der Westküste von einem Weiler zum nächsten, als die starken Stürme am Kap der Guten Hoffnung ihm das Haar in Büscheln davonbliesen. Und dann war sein Schädel glatt und glänzend. Der Walrufer glich diesen Mangel an Haupthaar durch einen dichten Bart und eine behaarte Brust aus. Silbergrau.

Die Wale enttäuschen die Zuschauer nicht. Es scheint, als wüssten sie, dass die Einwohner von Hermanuspietersfontein – wie das Städtchen früher hieß – und ihre Besucher aus aller Welt sich versammelt haben, um ihre Rückkehr aus den südlichen Meeren zu feiern. Übrigens ärgert sich der Walrufer über die wortkargen Bewohner, die den Namen auf Hermanus verkürzt haben. Er beschließt, die Stadt von nun an nur noch Hermanuspietersfontein zu nennen. Selbst dann, wenn der Name der Gemeinde geändert werden sollte, wie dies bei den Ansprüchen des neuen Südafrika unausweichlich ist. Den Glattwalen sind die politischen Weiterungen von Namensnennungen egal. Zweitausend Tiere wandern jedes Jahr von der Subantarktik in die warmen Gewässer Südafrikas, ganz gleich, ob die Stadt nun Hermanus heißt, Hermanuspietersfontein oder irgendetwas neumodisch Südafrikanisches. Fünfhundert davon werden an der Südküste vorbeiziehen, und einige von ihnen wird man von der Küste dieses Ortes aus sehen können, so auch an diesem Tag des *Kalfiefees*. Wegen der geschützten Lage der Bucht versammeln sich die Wale hier in größerer Zahl als anderswo. Und sie bleiben lange, weil das Meer ruhig ist. Es gibt hier nicht allzu viele Wasserskiboote oder gar Walbeobachterboote. Die Touristen beobachten die Wale fast ausschließlich vom Ufer aus. Die Wurstbrötchen mampfenden Touristen, denen Senf und Ketchup von den Fingern und vom Kinn tropfen, reißen ihre Ferngläser hoch und halten Ausschau nach einer Gruppe von

Glattwalen – Kühen und Kälbern, die in einiger Entfernung träge vorbeiziehen. Der Walrufer braucht kein Fernglas, um zu wissen, dass Sharisha nicht darunter ist.

Der Walrufer geht auf seine Halbinsel. Er steht auf dem höchsten Felsblock und bläst in sein Horn. Die Wale merken sofort auf. Sie blasen die Luft durch ihre Atemlöcher stärker ab als sonst. Der Walrufer stößt noch lauter in sein Horn und spielt Sharishas eigenes Lied. Etwa hundert Meter entfernt springt ein riesiger Glattwal aus dem Wasser. Er schießt in die Luft und kracht dann mit donnerndem Getöse wieder aufs Wasser. Als der Kopf des Tieres wieder auftaucht, rast dem Walrufer das Herz in der Brust wie eine verrückt gewordene Trommel, denn er erkennt die wohlgeformte Mütze auf der Schnauze. Weiß wie Salz. Der Walrufer keucht, als er die Schwielen auf dem Kopf sieht, die ebenfalls weiß wie grobe Salzkristalle sind, nicht rosa oder orange wie bei den anderen Walen. Sie sind genauso geformt wie die Three Sisters Hills in der Karoo. Der Walrufer bläst aufgeregt in sein Horn, und der Wal reißt sein Maul weit auf und zeigt die weißen Barten. Sie sind nicht dunkel wie bei den anderen Walen. Dieses Lächeln kennt der Walrufer gut. Sharishas meerschaumweißes Lächeln! Wieder springt sie in die Luft und lässt sich donnernd ins Wasser fallen. All dies führt sie im Takt zu ihrem besonderen Lied auf, das der Walrufer unablässig bläst.

Der Walrufer stimmt eine andere Melodie an, und Sharisha beendet ihre Luftschau. Sie schwimmt sanft im Kreis, und der Rücken ihres vierzehn Meter langen Körpers glänzt schwarz. Der Rest des Körpers ist grau, ihre Haut glatt. Sie pustet weißen Dampf aus dem doppelten Blasloch oben auf dem Kopf, und die Fontäne steigt in makelloser V-Form fünf Meter in die Höhe. Dann legt sie sich seitlich aufs Wasser und schlägt mit der Schwanzflosse, was zum Paarungsritual gehört. Sie schlägt mehrmals mit der Schwanzflosse auf das Wasser und macht dabei laut schmatzende Geräusche, die den Walrufer derart erregen, dass er immer stärker keuchen muss. Er bläst ins Horn und schreit wie unter Schmerzen. Er ist schweißgebadet, und sein Horn gibt Töne von sich, die von tiefem Stakkato bis zu hohem Klagen reichen. Sharisha stößt einen ganz tiefen, hohlen Ton aus, ein lang anhaltendes, schmerzhaftes Brüllen. Dann manövriert sie sich mit ihren Flossen vom Walrufer weg. Atemlos schaut er zu, wie sie mit den Flossen winkt und davonschwimmt.

Als der Walrufer die Halbinsel verlässt, ist er wie neugeboren.

Montagu
Breyten Breytenbach

Als wir klein waren, fuhren unsere Eltern manchmal nach Montagu, um sich bei den heißen Quellen zu entspannen. Vermutlich immer an Wochenenden: Frauen tragen fröhliche Kleider, die Männer stolzieren wie Pfauen in weißen weiten Hosen. Sie spielen auf mit einem Akkordeon, mit Gitarren, vielleicht einem Banjo und einer Geige, und dann tanzen sie im Staub.

Die große Überschwemmung von 1981, es ist der 25. Januar, kommt als braunes Wassergebrüll tief aus den inneren Weiten und Verwerfungen der knochentrockenen Karoo herausgesprungen und fegt donnernd die Badehäuser, die Lagerplätze, die hochragenden Schattenbäume in der Schlucht hinweg. Alte Männer, die sich an tote Schlangen klammern, werden ertrunken zwischen dem Treibholz aufgefunden.

Die Leute werden einem erzählen, dass der Ansturm kobrafarbenen Wassers eine Staubwolke aufwirbelt, die so undurchdringlich ist wie eine biblische Prophezeiung und die Sonne rot färbt. Es ist das Ende der Zeit. Onkel Koos Kock rettet einen braunen Jungen vor der zischenden Flut und verschluckt dabei so viel schmutziges Wasser, dass er sich hemmungslos erbricht und sein Gebiss verliert.

Koos Kock lebt in Montagu, ist aber oft zu Besuch in Bon-
nievale. Ich wachse vor seinen Augen heran. Als Säugling
pinkle ich auf seine Knie. Was immer er berührt, wird von den
knotigen grünen Fingern wachsen, die zäh und empfindlich
wie Knollen sind, immer dabei, sich in den Boden zu graben.
Er ist zuständig für Bäume, Sträucher und Blumen. Am Stadt-
rand, vor Noemnoembessiekop entlang der Straße nach Bar-
rydale, legt er einen einzigartigen Garten aus *vygies* (Mesem-
bryanthemum) an, den robusten einheimischen Sukkulenten,
die das umliegende Buschland mit erstaunlichen Farbteppi-
chen schmücken.

In dieser Gegend ist die Blütezeit gewöhnlich zwischen
Juli und Oktober, bis auf die Dornenbäume, die im Dezember
blühen, und dann sind sie mit *witbont doringwurms* (weiß-
gefleckten Dornenwürmern) verseucht, die die Blüten ver-
tilgen. Man kann nicht Gift sprühen – es wäre schädlich für
die kleineren Vögel. Die einzige Lösung ist, frühmorgens hin-
zugehen, bevor sie anfangen zu fressen, und die Würmer auf
den Zweigen mit brennenden Zeitungen zu versengen, die an
langen Stöcken befestigt sind. Auf die Weise wird Erinnerung
gelöscht. Ein von Menschenhand gepflanzter Mesembryan-
themum wird nicht lange überleben: Er hat schätzungsweise
eine Lebensdauer von vier bis zehn Jahren. Aber er liebt Mon-
tagus trockenen und süßen Boden.

Onkel Koos holt sich auch Kapkörbchen in seinen Garten, *suurknolle, bito, madeliefies, koenie*-Bäume, verschiedene
Dornenarten, Eudeabüsche und alle möglichen Gräser. Sogar Unkraut – den Euryopsbusch, die australische Melde, das
steekgras (Aristidagras).

Er sammelt viele seltsame Gegenstände – Tontöpfe, kleine
Krüge, in denen die alten Leute rote Tinte aus fernen Ländern
einführten, alte Weinfässer. Für einige erfindet er seine eigenen Bezeichnungen: *lawaaiwater* (Lärm machendes Wasser)

und *huismoles* (Heimkampf). Er war einst der stolze Besitzer eines *vemeukglas,* eines Betrugglases – ein speziell entworfenes Kelchglas mit einem sehr dicken Boden, das Tiefe vortäuscht, aber tatsächlich wenig fasst und von Zeremonienmeistern benutzt wurde, wenn sie bei Empfängen endlose Trinksprüche ausbringen mussten.

Als wir 1973 Nomansland besuchen, begleitet uns meine Mutter, und gemeinsam suchen wir nach dem alten, kahlen Gärtner, aber er ist nirgends zu finden. Jetzt bleibt mir nur die Erinnerung aus meiner Jugend: ein großgewachsener, gebeugter Mann, der grellfarbene Hosenträger trägt, tiefblaue Augen unter buschigen Augenbrauen, der zahnlose Mund zu einem ewigen Lächeln geflochten, die Glatze leuchtet, als trüge sie die Sonne auf einem Tablett.

Ein Mann lebt das Leben, das ihm gegeben wird, hinterlässt dann einen wundervollen Garten und ein Glas mit einem massiven Boden und die Geschichte von einem schnatternden Lächeln, das auf dem Schaum eines Hochwassers davonschwimmt.

Was kann man mehr verlangen?

Nimm die Straße von Ashton. Es kann an einem Samstagnachmittag sein. Vor irgendeinem Arbeiterhäuschen wird ein brauner Mann stehen, der seine kleine Tochter an der Hand hält. Sie wird Schleifen im Haar haben, und Schleifen flattern an ihrem weißen Sonntagskleid. Der Vater wird dem Kind, dem der Mund offen steht, das vorbeifahrende Auto zeigen. Er wird nicht ganz sicher auf den Füßen sein.

Etwas weiter werden vielleicht drei junge Mädchen der blauen Bergfestung entgegenspazieren, sie werden dir scheue Blicke zuwerfen, eine wird auf einer Gitarre schrammeln, aus ihren Hüften spricht das uralte Wissen, wie man Narren Trost spendet. Die Straße verläuft durch Kogmanskloof, einen Hohlweg zwischen hochragenden Quadern farbigen Gesteins.

Die Leute aus der Gegend nennen den Pass Poort – ein Tor, ein Eingang und ein Ausgang.

Es könnte einem leicht ein Mann entgegenkommen, zielstrebig auf einer Vorrichtung radelnd, die, mit Abzeichen und Wimpeln geschmückt, um ein grell bemaltes Fahrrad herumgebaut ist; es wird ein Nomade sein, der die Botschaft seines Lebens verbreitet, während ihm der Wind aus der Schlucht in den Ohren pfeift. Die Straße wird eine Schleife machen, und man sieht sich einer Felswand gegenüber, die in lodernden Farben vor dir aufragt, mit versteinerten Zungen der Schöpfung, zertrümmerten Sinfonien, Spalten und Ritzen, die in einem mineralischen Grün brennen, dem Gold heiliger Roben, blank polierten Schattierungen von Rot, Schorfen von Braun und Ocker. Dann weiß man, dass man im Begriff ist, Montagu zu betreten.

Kwaaimans und Miriams weißgesichtiges Haus hockt auf der Flanke eines Kamms und blickt zwischen zwei dunkelgrünen Öffnungen über Ou-Dam, den ärmeren Teil des Dorfes. Gleich hinter der Umfassungsmauer, die sein Anwesen umgibt, übernimmt der Berg die Regie. Klippspringer – flinke, scheue, schnaubende Zwergantilopen, die einen Pfiff ausstoßen, wenn sie aufgeschreckt werden – trauen sich manchmal bis zum Rand des Grundstücks. Wenn man sich ganz still verhält, kann man beobachten, wie sie versuchen, an den Blättern eines fruchttragenden Strauchs zu knabbern. Sie haben große, dunkle Augen.

Seine Nachbarn haben Besuch aus der Stadt, wo die Gärten klein und eng sind. Sie bringen zwei zahme Stadtpfauen mit, denen sie erlauben, einen Spaziergang zu machen, damit sie sich sozusagen die Stadtbeine vertreten können, vielleicht auch als Belohnung dafür, dass sie selbst in Gefangenschaft ihre Pracht zeigen. Sollen sie wenigstens einmal ihre verzweifelten Schreie in Freiheit von sich geben dürfen! Und dann kommen die Vögel nicht zurück. Zwei Tage lang stolpern drei angeheiterte Männer auf dem Hang umher, zwischen Büschen und Steinen, stochern schrecklich fluchend mit langen Stöcken herum· »He, Leute, habt ihr hier in der Gegend nicht zufällig zwei Scheißpfauen gesehen?« Mais auslegen bringt nichts, in der Wildnis gibt es attraktivere Kost.

Wenn der Berg so karg ist wie die Verdammnis, die in der Vorstellung eines Buren herrscht, werden Paviane kommen, um den Garten meines Bruders zu plündern. Nicht dass er einen Garten hätte, der diesen Namen verdient. Diese anthropoiden Tiere sind klug und unverschämt. Unter einem Stein in der Nähe des oberen Grillplatzes lebt eine Steineidechse mit einem schuppigen orangefarbenen Körper und einem blauen Kopf. Immer wenn sie die krummen urzeitlichen Vorderbeine aufstellt und den Kopf hebt, um zu zischen und sich aufzublähen, sieht sie genau wie ein Miniaturdrache aus. An der Decke hausen Geckos. Sie werfen sich gegenseitig kleine Khoi-Laute zu. Nachts stöbern sie wie zappelige Finger in den stillen Schlupflöchern deines Schlafs herum. Sie scheißen auch an den Wänden herunter. Sie halten meinen Bruder und seine Frau wach, und das tut seiner Laune nicht gut. Ameisen kriechen wie Ströme von Sirup aus der Erde und fließen ins Haus. Man arbeitet sich mit einem Kessel kochenden Wassers die marschierenden Kolonnen entlang, bis man die Festung erreicht, die ihre gemeinsame Erinnerung ist. Manche Leute erledigen es mit einer Sprühdose Gift.

Aber vor allem sind da die Rotschwingenstare. Es heißt, Cecil John Rhodes, der Oberimperialist, habe sie aus Europa einführen lassen – genauso wie er die Hirtenstare aus Indien mitgebracht hat, die alles entlang der Ostküste verschlingen und sich inzwischen schon landeinwärts bis Johannesburg ausgebreitet haben.

Die Vögel vermehren sich in Scharen, schlimmer als Maden

im Kadaver einer Kuh. Im Sommer sind sie ein verschwommener schwarzer Fächer vor der Mittagssonne: Die Schnäbel wie gierige Scheren aufgesperrt, stoßen sie herab, um sämtliche junge Früchte in den Gärten abzuschneiden. Jeder stopft täglich mühelos mehr als sein eigenes Körpergewicht in sich hinein. Kundschafter postieren sich auf den hohen Ästen (die Truppen warten im Hinterhalt im Laub), beobachten die Leute und die Ernte, taxieren das Heranreifen der Beute und blasen mit einem lang gezogenen geflöteten »Tuut« zum Angriff.

Als einer der Vögel ruft, merkt Kwaaiman auf, erhebt sich mit einem Seufzer, immer muss man sich um irgendetwas kümmern, sagt: »Ja, Mann, ja, Mann, ich höre dich, ich komm ja schon.« Er wird das Luftgewehr holen, das Magazin öffnen, eine Kugel in den Lauf schieben. Oft trifft er den Vogelspion, eine Feder kreist zu Boden, aber es bewirkt kaum etwas – sie lassen sich nicht unterkriegen.

Kwaaiman bekämpft die Paviane, die Geckos, die Stare, die Schlangen, die Zikaden, die Frösche, die Ameisen, die Läuse und die Köter des Nachbarn, die vor Tagesanbruch kommen, um die Abfallsäcke aus schwarzem Plastik aufzureißen. Er wird kämpfend untergehen. Er hat vorausgesehen, dass es dazu kommen wird. Was das Leben betrifft, sollte man keine Illusionen haben.

Es ist eine ungleiche Schlacht. Es wird in sein Haus eingebrochen, ein paar Kleidungsstücke und seine elektrischen Apparaturen werden fortgetragen. Der Dieb wird erwischt, er trägt immer noch die Jacke meines Bruders, obwohl er alle Eide bei den Göttern unserer Vorfahren, braunen wie weißen, schwört, dass er sie in Kapstadt auf der *Parade* gekauft hat, »von jemand, der einen grünen Hut auf dem Kopf hatte«. Der Dieb wurde auf Bewährung freigelassen und hat ein Strafregister, so lang wie sein tätowierter Arm. Es gibt kein Gefängnis, dessen schwarze Mauern er nicht von innen gesehen hat.

Der Fall kommt vor Gericht, und mein Bruder muss aussagen. Der Beschuldigte wird wegen vierzehn weiterer Einbrüche gesucht. Während der Verhandlungspause kommt die Mutter zu Kwaaiman und presst eine knorrige Handvoll Tränen aus ihrem abgezehrten Körper, ihr ist wirklich schleierhaft, was mit dem Jungen los ist, hat sie ihn, als er klein war, denn nicht ausgiebig verprügelt? »Und, Sir, kann Sir mir vielleicht mit einem kleinen Kredit von zwanzig Rand aushelfen, bitte, Sir?« Der Dieb wird in allen Anklagepunkten für schuldig befunden und zu vierzehn Monaten auf Bewährung verurteilt. Mein Bruder darf sein Eigentum bei der Polizeiversteigerung zurückkaufen.

Das ist noch gar nichts, sagt der Staatsanwalt. Ein Landarbeiter in der Gegend verübt einen Mord und wird ins Gefängnis gesteckt. Seine Familie wohnt nach wie vor in einem geräucherten Arbeiterhäuschen auf dem Grundstück des Farmers. Jeden Monat erhalten sie vom Staat einen Geldbetrag als Familienbeihilfe, das ist die neue Praxis. Der Mörder erhält Straferlass, auch das ist die neue Praxis, er gilt als ein ehemaliges Opfer des Rassismus, und lange vor Ablauf seiner Haftstrafe kommt er nach Hause, es ist alles vorbei, und jetzt muss er sich ausruhen. Die monatliche Beihilfe trifft weiterhin ein. Der Farmer fährt in die Stadt, um mit dem Staatsanwalt zu sprechen: Was soll das denn? Die offizielle Erklärung lautet, dass die finanzielle Unterstützung bedürftiger Angehöriger eines Häftlings nach der gerichtlich beschlossenen Haftdauer berechnet wird, unabhängig von einem etwaigen Straferlass oder einer Amnestie.

Wieder wird in Bruder Kwaaimans Haus eingebrochen. Diesmal wird seine Pistole gestohlen. Der kluge und unverschämte Polizist kommt zum Ermitteln. War die Waffe in einem geeigneten Schrank verschlossen, wie es das Gesetz verlangt? Nein? Er geht zu der Truhe, wo die Waffe hätte aufbewahrt werden sollen, schließt sie sorgfältig ab, stemmt sie gewaltsam auf, sodass Schrauben und Splitter in alle Richtungen fliegen, und sagt: »Jetzt können Sie von einem Einbruch reden!«

Sie wissen, wer der Dieb ist – aber ihnen sind die Hände gebunden: Das Schießeisen ist schon in Zulani verschwunden, der schwarzen Township vor Ashton. Zolani ist ANC-kontrolliertes Gebiet, dort werden Polizisten umgelegt.

Der Dieb ist ein Knabe, der sich samstagnachmittags auf dem örtlichen Golfplatz etwas Geld als Taschenträger verdient. Durch Vermittlung eines anderen Caddies tritt mein Bruder in Verhandlungen mit dem Dieb, um seine Pistole zurückzukaufen. Sie vereinbaren einen Preis, der den Ausgaben und Unannehmlichkeiten angemessen ist, die dem neuen Eigentümer entstanden sind. Aber dann gerät das Geschäft ins Stocken. Dem Verkäufer fehlt das Vertrauen, dass Kwaaiman ihn wie vereinbart bezahlen wird. Auf diese Buren kann man sich einfach nicht verlassen.

Die endgültige Safari

Nadine Gordimer

Das afrikanische Abenteuer gibt es noch … Sie können es er-
leben! Die endgültige Safari oder Expedition mit Führern, die
Afrika kennen.
Reisebüro-Reklame, Observer, London, 27.11.88

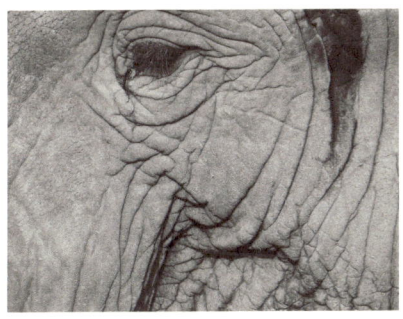

An dem Abend ging
unsere Mutter zum
Laden, und sie kam
nicht zurück. Nie.
Was ist passiert? Ich
weiß es nicht. Mein
Vater war auch ei-
nes Tages weggegan-
gen und nie wieder-
gekommen; aber er
kämpfte im Krieg. Wir waren auch im Krieg, aber wir waren
Kinder, wir waren wie unsere Großmutter und unser Großvater, wir hatten keine Gewehre. Die Leute, gegen die mein
Vater kämpfte – die Banditen, wie unsere Regierung sie nannte –, waren überall, und wir liefen vor ihnen weg wie Hühner,
hinter denen die Hunde her waren. Wir wussten nicht, wohin.
Unsere Mutter ging zum Laden, weil jemand gesagt hatte,
man könnte Öl zum Kochen bekommen. Wir freuten uns,
weil wir schon lange kein Öl mehr gehabt hatten; vielleicht
bekam sie das Öl, und jemand schlug sie in der Dunkelheit
nieder und nahm ihr das Öl weg. Vielleicht traf sie Banditen.
Wenn man sie trifft, bringen sie einen um. Sie sind zwei Mal in
unser Dorf gekommen, und als sie wieder weg waren, sind wir
zurückgekommen und stellten fest, dass sie alles weggenom-

men hatten; aber als sie zum dritten Mal kamen, gab es nichts mehr, kein Öl, nichts zu essen, deshalb verbrannten sie das Reet, und die Dächer unserer Häuser fielen ein. Meine Mutter fand ein paar Wellblechstücke, und die legten wir über einen Teil unseres Hauses. Da warteten wir an dem Abend auf sie, als sie nicht wiederkam.

Wir hatten Angst rauszugehen, auch nur um unser Geschäft zu machen, weil die Banditen wirklich kamen. Nicht in unser Haus – ohne Dach muss es so ausgesehen haben, als wäre niemand darin, alles weg –, aber sie waren überall im Dorf. Wir hörten Leute schreien und rennen. Wir hatten zu viel Angst, um wegzulaufen, ohne unsere Mutter, um uns zu sagen, wohin. Ich bin die Mittlere, das Mädchen, und mein kleiner Bruder hing mit den Armen um meinen Hals und den Beinen um meine Mitte an meinem Bauch wie ein kleiner Affe an seiner Mutter. Die ganze Nacht hindurch hielt mein erstgeborener Bruder ein zerbrochenes Stück Holz von einem unserer verbrannten Hauspfähle in der Hand. Damit wollte er sich retten, wenn die Banditen ihn fanden.

Wir blieben den ganzen Tag dort. Warteten auf sie. Ich weiß nicht, was für ein Tag es war; es gab keine Schule, keine Kirche mehr in unserem Dorf, also wusste man nicht, ob es ein Sonntag oder ein Montag war.

Als die Sonne unterging, kamen unsere Großmutter und unser Großvater. Jemand aus unserem Dorf hatte ihnen erzählt, dass wir Kinder alleine waren, dass unsere Mutter nicht wiedergekommen war. Ich sage zuerst Großmutter und dann Großvater, weil es so ist: Unsere Großmutter ist groß und stark, noch nicht alt, und unser Großvater ist klein, man weiß gar nicht, wo er in seinen weiten Hosen ist, er lächelt, aber er hört nicht, was man sagt, und sein Haar sieht so aus, als wäre es voller Seifenschaum. Meine Großmutter nahm uns – mich, das Baby, meinen erstgeborenen Bruder, unseren Großvater –

mit zurück zu ihrem Haus, und wir hatten alle Angst (außer dem Baby, es schlief auf dem Rücken meiner Großmutter), die Banditen auf dem Weg zu treffen. Wir warteten eine lange Zeit im Haus meiner Großmutter. Vielleicht war es ein Monat. Wir hatten Hunger. Unsere Mutter kam nicht. Während wir darauf warteten, dass sie uns holte, hatte unsere Großmutter nichts zu essen für uns, nichts für unseren Großvater und sich selbst. Eine Frau, die Milch in den Brüsten hatte, gab uns etwas davon für meinen kleinen Bruder, obwohl er bei uns zu Hause schon Grütze aß, genauso wie wir. Unsere Großmutter nahm uns mit, um nach wildem Spinat zu suchen, aber alle aus ihrem Dorf taten dasselbe, und es war kein Blatt mehr übrig.

Unser Großvater ging mit ein paar jungen Männern, er lief ein Stück hinter ihnen, meine Mutter suchen, fand sie aber nicht. Unsere Großmutter weinte mit anderen Frauen, und ich sang die Kirchenlieder mit ihnen. Sie brachten ein wenig zu essen – ein paar Bohnen –, aber nach zwei Tagen war wieder nichts da. Unser Großvater hatte drei Schafe und eine Kuh und einen Gemüsegarten gehabt, aber die Banditen hatten schon vor langer Zeit die Schafe und die Kuh weggenommen, weil sie auch hungrig waren; und als die Saatzeit kam, hatte unser Großvater kein Saatgut.

Also beschlossen sie – unsere Großmutter beschloss es; unser Großvater machte leise Geräusche und wog sich hin und her, aber sie achtete nicht darauf –, dass wir fortgehen sollten. Uns Kinder freute das. Wir wollten da fort, wo unsere Mutter nicht war und wo wir Hunger hatten. Wir wollten irgendwohin, wo es keine Banditen gab und wo man etwas zu essen bekam. Wir waren froh über den Gedanken, dass es einen solchen Ort geben musste; *fort.*

Unsere Großmutter tauschte ihre Kirchenkleider bei jemandem gegen ein paar getrocknete Maiskolben, und sie kochte sie und schlug sie in ein Tuch. Wir nahmen sie mit, als wir losgingen, und sie glaubte, dass wir Wasser aus den Flüssen trinken konnten, aber wir kamen an keinen Fluss, und wir wurden so durstig, dass wir umkehren mussten. Nicht den ganzen Weg zum Haus unserer Großeltern zurück, aber zu einem Dorf, in dem es eine Pumpe gab. Sie öffnete den Korb, in dem sie etwas Kleidung und die Maiskolben trug, und sie verkaufte ihre Schuhe, um einen großen Plastikeimer für Wasser zu kaufen. Ich sagte: »Gogo, wie willst du jetzt zur Kirche gehen, so gar ohne Schuhe?« Aber sie sagte, wir hätten einen so langen Weg vor uns und zu viel zu tragen. In diesem Dorf trafen wir andere Leute, die auch fortgehen wollten. Wir schlossen uns ihnen an, weil sie besser zu wissen schienen als wir, wo es war.

Um dahin zu kommen, mussten wir durch den Krüger-Park gehen. Wir hatten von dem Krüger-Park gehört. Er war so etwas wie ein ganzes Land für Tiere – Elefanten, Löwen, Schakale, Hyänen, Flusspferde, Krokodile, alle Arten von Tieren. Einige von ihnen hatten wir in unserem Land, vor dem Krieg (unser Großvater erinnert sich daran; wir Kinder waren noch nicht geboren), aber die Banditen schießen die Elefanten und verkaufen ihre Stoßzähne, und die Banditen und unsere Soldaten haben alle Gazellen aufgegessen. In unserem Dorf gab es einen Mann ohne Beine – ein Krokodil hatte sie ihm in unserem Fluss abgebissen; aber trotzdem ist unser Land ein Menschenland, kein Tierland. Wir hatten vom Krüger-Park gehört, weil einige unserer Männer früher zu Hause weggingen, um dort an Orten zu arbeiten, wo weiße Menschen hinkommen und eine Weile bleiben, um die Tiere anzugucken.

Also gingen wir wieder los. Es waren Frauen und andere Kinder wie ich dabei, die die Kleinen auf dem Rücken tragen mussten, wenn die Frauen müde wurden. Ein Mann führte uns in den Krüger-Park. »Sind wir noch nicht da, sind wir

noch nicht da?«, fragte ich unsere Großmutter immer wieder. »Noch nicht«, sagte der Mann, als sie ihn für mich fragte.
Er sagte uns, dass wir einen langen Umweg machen mussten,
damit wir um den Zaun herumkamen, der, erklärte er, einen
umbrachte, einem die Haut abbrannte, sobald man ihn nur
berührte, wie die Drähte hoch oben an den Pfählen, die das
elektrische Licht in unseren Städten machen. Ich habe das
Zeichen eines Kopfes ohne Augen oder Haut oder Haar auf
einer eisernen Kiste in dem Missionskrankenhaus gesehen,
das es bei uns gab, bevor sie es gesprengt haben.

Als ich das nächste Mal fragte, sagten sie, dass wir jetzt seit
einer Stunde im Krüger-Park waren. Aber alles sah genauso
aus wie der Busch, durch den wir den ganzen Tag gegangen
waren, und wir hatten keine Tiere gesehen, außer den Affen
und Vögeln, die auch bei uns zu Hause leben, und eine Schildkröte, die natürlich nicht vor uns weglaufen konnte. Mein
erstgeborener Bruder und die anderen Jungen brachten sie
dem Mann, damit er sie tötete und wir sie braten und essen
konnten. Er ließ sie laufen, weil wir, sagte er uns, kein Feuer
machen konnten; die ganze Zeit, solange wir im Park waren,
durften wir kein Feuer machen, weil der Rauch zeigen würde,
wo wir waren. Die Polizei, die Wildhüter würden kommen
und uns dahin zurückschicken, wo wir herkamen. Er sagte,
wir müssten uns wie Tiere unter den Tieren bewegen, den
Wegen und den Camps der weißen Leute fernbleiben. Und in
dem Moment hörte ich – ich bin sicher, dass ich die Erste war,
die es hörte – brechende Zweige und das Geräusch von etwas,
das die Gräser teilte, und ich schrie fast auf, weil ich dachte, es
wäre die Polizei, die Wildhüter – die Leute, vor denen wir uns
in Acht nehmen sollten –, die uns schon gefunden hatten. Und
es war ein Elefant und noch ein Elefant und noch mehr Elefanten, große schwarze Flecken, die sich überall zwischen den
Bäumen bewegten, wohin man auch sah. Sie legten die Rüssel

um die roten Blätter der Mopanebäume und stopften sie sich in die Mäuler. Die Babyelefanten lehnten an ihren Müttern. Die fast ausgewachsenen rangelten miteinander wie mein erstgeborener Bruder mit seinen Freunden, nur benutzten sie Rüssel statt Arme. Ich war so neugierig, dass ich vergaß, Angst zu haben. Der Mann sagte, wir sollten nur stillstehen und ruhig sein, während die Elefanten an uns vorbeizogen. Sie zogen sehr langsam vorbei, weil Elefanten zu groß sind, um vor jemandem Angst haben zu müssen.

Die Gazellen rannten vor uns davon. Sie sprangen so hoch, dass sie zu fliegen schienen. Die Warzenschweine blieben stocksteif stehen, wenn sie uns hörten, und brachen dann seitlich aus, so wie ein Junge in unserem Dorf mit dem Fahrrad Schlängellinien fuhr, das sein Vater ihm von den Minen mitgebracht hatte. Wir folgten den Tieren dahin, wo sie tranken. Sobald sie fort waren, gingen wir an ihre Wasserstellen. Wir waren nie durstig, fanden immer bald Wasser, aber die Tiere aßen, sie aßen die ganze Zeit. Wann immer man sie sah, aßen sie, Gras, Bäume, Wurzeln. Und für uns gab es nichts. Die Maiskolben waren aufgegessen. Das Einzige, was wir essen konnten, war das, was die Paviane aßen, trockene kleine Feigen, voller Ameisen, die an den Zweigen der Bäume an den Flüssen wuchsen. Es war schwer, wie die Tiere zu sein. Am Tag, wenn es sehr heiß wurde, sahen wir schlafende Löwen. Sie hatten die Farbe der Gräser, und zuerst entdeckten wir sie nicht, aber der Mann sah sie, und er führte uns zurück und in einem weiten Bogen um den Ort herum, wo sie schliefen. Ich wollte mich hinlegen wie die Löwen. Mein kleiner Bruder wurde dünn, aber er war sehr schwer. Wenn meine Großmutter mich ansah und ihn mir auf den Rücken heben wollte, versuchte ich, wegzugucken. Mein erstgeborener Bruder hörte auf zu reden; und als wir rasteten, musste er geschüttelt werden, damit er wieder aufstand, so als wäre er unser Großvater, er konnte nichts hören. Ich sah Fliegen auf dem Gesicht unserer Großmutter herumlaufen, und sie scheuchte sie nicht weg; ich bekam Angst. Ich riss ein Palmblatt ab und wedelte sie weg.

Wir gingen nachts ebenso wie am Tag. Wir konnten die Feuer sehen, wo die weißen Leute in den Camps Essen machten, und wir konnten den Rauch und das Fleisch riechen. Wir beobachteten die Hyänen mit ihren Rücken, die gekrümmt sind, als schämten sie sich, wie sie sich durch den Busch an den Duft heranschlichen. Wenn eine den Kopf wandte, sah man, dass sie große braune Augen hatte wie unsere, wenn wir uns im Dunkeln anguckten. Der Wind trug Wörter in unserer Sprache zu uns herüber, sie kamen von den Baracken, in denen die Leute wohnten, die in den Camps der Weißen arbeiteten. Eine Frau unter uns wollte nachts zu ihnen gehen und sie um Hilfe bitten. Sie könnten uns was aus dem Abfall zu essen geben, sagte sie, und sie begann laut aufzuheulen, und unsere Großmutter musste sie packen und ihr eine Hand auf den Mund pressen. Der Mann, der uns führte, hatte uns gesagt, dass wir uns von unseren Leuten fernhalten müssten, die im Krüger-Park arbeiteten; wenn sie uns halfen, verloren sie ihre Arbeit. Wenn sie uns sahen, konnten sie nur so tun, als wären wir nicht da, als hätten sie nur Tiere gesehen.

Manchmal hielten wir für eine kurze Weile in der Nacht an, um zu schlafen. Wir schliefen eng zusammengedrückt. Ich weiß nicht, in welcher Nacht es war – weil wir gingen, gingen, immerzu nur gingen –, als wir die Löwen ganz nah bei uns hörten. Nicht laut grollend, wie man sie aus der Ferne hörte. Keuchend, so wie wir es machen, wenn wir laufen, aber es ist eine andere Art von Keuchen: Man hört, dass sie nicht laufen, sie warten, irgendwo in der Nähe. Wir rollten uns alle noch enger zusammen, legten uns aufeinander, die am Rand kämpften darum, in die Mitte zu kommen. Ich lag an eine

Frau gequetscht, die schlecht roch, weil sie Angst hatte, aber ich war froh, dass ich mich an sie klammern konnte. Ich betete zu Gott, dass er die Löwen jemand vom Rand nehmen und weggehen lassen sollte. Ich schloss die Augen, um den Baum nicht zu sehen, von dem ein Löwe genau in unsere Mitte springen konnte, dahin, wo ich war. Stattdessen sprang der Mann, der uns führte, auf und schlug mit einem abgebrochenen Ast an einen Baum. Er hatte uns beigebracht, niemals laut zu sein, aber er schrie. Er schrie die Löwen an wie ein Betrunkener in unserem Dorf, der niemanden im Besonderen anschreit. Wir hörten sie grollen, ihn aus der Ferne zurück anschreien.

Wir waren müde, so müde. Mein erstgeborener Bruder und der Mann mussten unseren Großvater von Stein zu Stein tragen, wenn wir eine Stelle fanden, an der wir die Flüsse überqueren konnten. Unsere Großmutter ist stark, aber ihre Füße bluteten. Wir konnten den Korb nicht mehr auf dem Kopf tragen, wir konnten nichts mehr tragen außer meinem kleinen Bruder. Wir ließen unsere Sachen unter einem Busch zurück. Solange nur unsere Körper dahin kommen, sagte unsere Großmutter. Dann aßen wir irgendeine wilde Frucht, die wir von zu Hause nicht kannten, und wir bekamen Durchfall. Wir gingen an dem Tag, an dem wir die Magenschmerzen hatten, in dem Gras, das Elefantengras genannt wird, weil es fast so groß wird wie ein Elefant, und unser Großvater konnte sich nicht einfach vor den Leuten hinsetzen wie mein kleiner Bruder und verschwand im Gras, um allein zu sein. Wir mussten weitergehen, bei den anderen bleiben, der Mann, der uns führte, sagte immer wieder, wir dürften nicht zurückbleiben, aber wir baten ihn, auf unseren Großvater zu warten.

Also warteten alle darauf, dass unser Großvater uns einholte. Aber das tat er nicht. Es war Mittag; die Insekten sangen in unseren Ohren, wir konnten ihn nicht durch das Gras gehen hören. Wir konnten ihn nicht sehen, weil das Gras so hoch war und er so klein. Aber er musste irgendwo sein in seinen weiten Hosen und dem Hemd, das eingerissen war und das unsere Großmutter nicht nähen konnte, weil sie keinen Stoff hatte. Wir wussten, dass er nicht weit sein konnte, weil er so schwach und langsam war. Wir gingen ihn alle suchen, aber in Gruppen, damit nicht auch wir einander in dem hohen Gras verloren. Es stach uns in die Augen und Ohren; wir riefen leise nach ihm, aber der Lärm der Insekten muss den kleinen Raum gefüllt haben, den er in seinen Ohren noch zum Hören hatte. Wir suchten und suchten, aber wir konnten ihn nicht finden. Wir blieben die ganze Nacht in dem langen Gras. Im Schlaf fand ich ihn an einer Stelle zusammengerollt, wo er das Gras runtergetrampelt hatte, wie die Stellen, die wir gesehen hatten, an denen die Gazellen ihre Babys versteckten.

Als ich aufwachte, war er noch immer nicht da. Also suchten wir noch einmal, und jetzt gab es so viele Pfade im Gras, die wir beim Hin- und Hergehen gemacht hatten, dass es leicht für ihn sein musste, uns zu finden, wenn wir ihn nicht finden konnten. Den ganzen Tag saßen wir nun da und warteten. Alles ist sehr still, wenn die Sonne auf dem Kopf ist, im Kopf, selbst wenn man, wie die Tiere, unter den Bäumen liegt. Ich lag auf dem Rücken und sah diese hässlichen Vögel mit gebogenen Schnäbeln und gerupften Hälsen über uns immer im Kreis fliegen. Wir waren oft an ihnen vorbeigekommen, wenn sie an den Knochen eines toten Tieres fraßen, da war nie etwas für uns übrig geblieben. Immer im Kreis, weit oben und dann tiefer und dann wieder höher. Ich sah, wie sie ihre Hälse erst zur einen und dann zur anderen Seite herausstreckten. Immer im Kreis. Ich sah unsere Großmutter, die all die Zeit aufrecht dasaß, mit meinem kleinen Bruder auf dem Schoß, und sie auch sah.

Am Nachmittag kam der Mann, der uns führte, zu unserer Großmutter und sagte ihr, die anderen Leute müssten weiter.

Er sagte: »Wenn ihre Kinder nicht bald etwas zu essen kriegen, sterben sie.«

Unsere Großmutter sagte nichts.

»Ich bring dir Wasser, bevor wir losgehen«, sagte er ihr.

Unsere Großmutter sah uns an, mich, meinen erstgeborenen Bruder und meinen kleinen Bruder auf ihrem Schoß. Wir sahen zu, wie die anderen Leute aufstanden, um wegzugehen. Ich glaubte nicht, dass das Gras leer sein würde um uns herum, wo sie gewesen waren. Dass wir an diesem Ort allein sein würden, im Krüger-Park, wo die Polizei oder die Tiere uns finden würden. Tränen liefen mir aus den Augen und der Nase auf die Hände, aber meine Großmutter achtete nicht darauf. Sie stand auf, die Füße weit auseinander, so wie sie steht, wenn sie Feuerholz hochheben will, zu Hause in unserem Dorf, schwang meinen kleinen Bruder auf den Rücken, band ihn in ihr Tuch – ihr Kleid war oben zerrissen, und ihre großen Brüste waren zu sehen, aber es war nichts für ihn in ihnen. Sie sagte: »Kommt.«

Also verließen wir den Ort mit dem langen Gras. Wir gingen mit den anderen und dem Mann, der uns führte. Wir begannen, wieder fortzugehen.

Es gibt hier ein sehr großes Zelt, größer als eine Kirche oder eine Schule, das am Boden festgebunden ist. Ich wusste nicht, dass es das sein würde, als wir da ankamen, wo *fort* war. Ich habe einmal etwas Ähnliches gesehen, als unsere Mutter uns mit in die Stadt nahm, weil sie gehört hatte, dass Soldaten da waren. Sie wollte sie fragen, ob sie wussten, wo unser Vater war. In dem Zelt damals beteten die Leute und sangen. Dieses hier ist blau und weiß wie das damals auch, aber es ist nicht zum Beten und Singen, wir leben darin zusammen mit anderen Leuten, die aus unserem Land gekommen sind. Die Schwester von der Klinik sagt, wir sind zweihundert ohne die

Babys, und wir haben neue Babys, einige wurden auf dem Weg durch den Krüger-Park geboren.

Drinnen ist es dunkel, selbst wenn die Sonne hell scheint, und es ist wie ein ganzes Dorf. Statt eines Hauses hat jede Familie einen kleinen Platz, der mit Säcken oder mit Karton pappe abgeteilt ist – was immer man finden kann –, um den anderen Familien zu zeigen, das ist unseres, und niemand sollte einfach hereinkommen, obwohl es keine Tür und keine Fenster gibt und auch kein Reet. Wenn man aufsteht und kein kleines Kind ist, kann man deshalb in das Haus jeder Familie gucken. Einige Leute haben sogar aus zerriebenen Steinen Farben gemacht und damit Muster auf die Säcke gemalt.

Natürlich gibt es in Wirklichkeit ein Dach – das Zelt ist das Dach, weit oben. Es ist wie ein Himmel. Es ist wie ein Berg, und wir sind darin; durch die Risse kommt Staub und bildet Pfade, die nach unten weisen, so dick sind sie, dass man meint, man könnte hinaufklettern. Das Zelt hält den Regen ab, aber das Wasser kommt von den Seiten herein und läuft in kleinen Straßen zwischen unseren Schlafstellen – auf den Straßen kann immer nur einer zurzeit gehen –, und die kleinen Kinder wie mein kleiner Bruder spielen im Matsch. Man muss über sie hinwegsteigen. Mein kleiner Bruder spielt nicht. Unsere Großmutter bringt ihn in die Klinik, montags, wenn der Doktor kommt. Die Schwester sagt, etwas mit seinem Kopf stimmt nicht, sie glaubt, weil wir zu Hause nicht genug zu essen hatten. Wegen des Krieges. Weil unser Vater nicht da war. Und dann, weil er im Krüger-Park so hungrig war. Am liebsten liegt er den ganzen Tag auf meiner Großmutter herum, auf ihrem Schoß oder irgendwo an sie gelehnt, und er guckt uns an und guckt uns an. Er will etwas fragen, aber man sieht, dass er es nicht kann. Wenn ich ihn kitzle, lächelt er manchmal. Die Klinik gibt uns ein besonderes Pulver, um Brei für ihn zu machen, und vielleicht wird er eines Tages ganz gesund.

Als wir hier ankamen, waren wir so wie er – mein erstge-borener Bruder und ich. Ich kann mich kaum daran erinnern. Die Leute, die in dem Dorf in der Nähe des Zelts wohnen, brachten uns zur Klinik, dort muss man einschreiben, dass man gekommen ist – *fort*, durch den Krüger-Park. Wir saßen im Gras, und alles war durcheinander. Eine Schwester war hübsch mit glattem Haar und schönen hochhackigen Schu-hen, und sie brachte uns das besondere Pulver. Sie sagte, wir müssten es mit Wasser verrühren und es langsam trinken. Wir rissen die Packungen mit den Zähnen auf und leckten es ganz auf, es blieb um meinen Mund herum kleben, und ich saug-te es von den Lippen und den Fingern. Einige andere Kinder, die mit uns gegangen waren, übergaben sich. Aber ich fühlte nur, dass sich etwas in meinem Bauch bewegte, dass das Zeug runterging und sich herumbewegte wie eine Schlange, und ich bekam Schluckauf, der wehtat. Eine andere Schwester sagte uns, wir sollten uns in einer Reihe auf der Veranda der Klinik aufstellen, aber das konnten wir nicht. Wir saßen überall he-rum, fielen gegeneinander; die Schwestern halfen jedem von uns auf, packten uns am Arm und steckten dann eine Nadel hinein. Mit anderen Nadeln zogen sie unser Blut heraus und taten es in winzige Flaschen. Das war etwas gegen Krankhei-ten, aber ich verstand es nicht, jedes Mal, wenn ich die Augen schloss, glaubte ich zu gehen, das Gras war lang, ich sah die Elefanten, ich hatte noch nicht begriffen, dass wir *fort* waren.

Aber unsere Großmutter war noch stark, sie konnte sich noch auf den Beinen halten, sie kann schreiben, und sie schrieb uns ein. Unsere Großmutter hat uns diesen Platz im Zelt an einer der Seiten besorgt, das ist der beste Platz hier, denn obwohl der Regen hereinkommt, können wir bei gutem Wetter die Plane umschlagen, und dann scheint die Sonne auf uns, die Gerüche in dem Zelt gehen raus. Unsere Großmut-ter kennt eine Frau hier, die ihr gezeigt hat, wo es gutes Gras für Schlafmatten gibt, und unsere Großmutter hat Matten für uns gemacht. Einmal im Monat kommt der Lebensmittellastwagen zur Klinik. Unsere Großmutter nimmt eine der Karten mit, die sie unterschrieben hat, und wenn sie abgeknipst ist, bekommt sie einen Sack Maismehl. Es gibt Schubkarren, mit denen man den Sack zurück zum Zelt schaffen kann; mein erstgeborener Bruder macht das für sie, und dann fahren er und die anderen Jungs Rennen, während sie die Schubkarren zur Klinik zurückbringen. Manchmal hat er Glück, und ein Mann, der im Dorf Bier gekauft hat, gibt ihm etwas Geld, damit er es herbringt – obwohl das nicht erlaubt ist, man soll diese Schubkarre sofort zu den Schwestern zurückbringen. Er kauft sich dann ein kaltes Getränk und teilt es mit mir, wenn ich ihn dabei erwische. An einem anderen Tag in jedem Monat legt die Kirche einen Haufen alter Kleider in den Hof der Klinik. Unsere Großmutter hat noch eine Karte, die abgeknipst werden muss, und dann können wir uns etwas aussuchen: Ich habe zwei Kleider, zwei Hosen und eine Strickjacke, damit ich zur Schule gehen kann.

Die Leute im Dorf erlauben uns, in ihre Schule zu gehen. Ich war überrascht, dass sie unsere Sprache sprechen; unsere Großmutter hat mir gesagt: »Deshalb lassen sie uns auf ihrem Land wohnen. Vor langer Zeit, als unsere Vorväter lebten, gab es keinen Zaun, der einen tötet, keinen Krüger-Park zwischen ihnen und uns, wir waren ein Volk unter unserem eigenen König, von unserem Dorf, wo wir weggegangen sind, bis hierher, wo wir hergekommen sind.«

Jetzt, wo wir schon so lange Zeit in dem Zelt sind – ich bin gerade elf geworden, und mein kleiner Bruder ist beinahe drei, obwohl er sehr klein ist, nur sein Kopf ist groß, er ist immer noch nicht richtig darin –, haben einige Leute die bloße Erde um das Zelt herum umgegraben und Bohnen und Mais und Kohl gepflanzt. Die alten Männer flechten Zweige zusam-

men, um Zäune um ihre Gärten zu setzen. Es ist niemandem
erlaubt, in den Städten nach Arbeit zu suchen, aber einige der
Frauen haben im Dorf Arbeit gefunden und können sich Sachen kaufen. Unsere Großmutter findet, weil sie noch immer
stark ist, Arbeit, da, wo Leute Häuser bauen – in diesem Dorf
bauen die Leute schöne Häuser mit Ziegeln und Zement, nicht
mit Lehm wie bei uns zu Hause. Unsere Großmutter trägt Ziegel für diese Leute und schafft Körbe mit Steinen auf dem
Kopf heran. Und daher hat sie Geld, um Zucker und Tee und
Milch und Seife zu kaufen. Der Laden hat ihr einen Kalender
geschenkt, den sie an unsere Zeltklappe gehängt hat. Ich bin
gut in der Schule, und sie hat Reklamepapier, das Leute vor
dem Laden wegwerfen, gesammelt und meine Schulbücher
damit eingeschlagen. Sie sorgt dafür, dass mein erstgeborener Bruder und ich jeden Nachmittag, bevor es dunkel wird,
unsere Hausaufgaben machen, denn danach ist kein Platz
mehr in unserem Teil des Zelts, außer um sich dicht aneinan-
dergedrängt hinzulegen, genauso wie wir es im Krüger-Park
gemacht haben, und Kerzen sind teuer. Unsere Großmutter
hat sich noch immer kein Paar Schuhe für die Kirche kaufen
können, aber sie hat schwarze Schulschuhe für mich und meinen erstgeborenen Bruder gekauft und Schuhcreme, um sie
zu putzen. Jeden Morgen, wenn die Leute im Zelt aufstehen,
wenn die Babys weinen, die Leute sich draußen um die Was-
serhähne drängeln und einige Kinder schon die Breikruste
von den Töpfen ziehen, aus denen wir gestern Abend gegessen haben, putzen mein erstgeborener Bruder und ich unsere
Schuhe. Wir müssen uns mit gerade ausgestreckten Beinen
auf unsere Matten setzen, damit unsere Großmutter genau
nachsehen kann, ob wir es richtig gemacht haben. Keine anderen Kinder im Zelt haben richtige Schulschuhe. Wenn wir
drei die Schuhe ansehen, ist es, als wären wir wieder in einem
richtigen Haus, ohne Krieg, ohne *fort*.

Ein paar weiße Leute sind gekommen, um Fotos von unseren Leuten hier im Zelt zu machen – sie sagten, sie machten einen Film, ich hab noch nie gesehen, was das ist, aber ich hab davon gehört. Eine weiße Frau quetschte sich in unseren Platz und stellte unserer Großmutter Fragen, die uns in unserer Sprache von jemandem weitergesagt wurden, der die der weißen Frau verstand.

»Wie lange lebt ihr schon so?«

»Sie meint, hier?«, sagte unsere Großmutter. »In diesem Zelt, zwei Jahre und ein Monat.«

»Und was erhofft ihr euch für die Zukunft?«

»Nichts. Ich bin hier.«

»Aber für deine Kinder?«

»Ich will, dass sie lernen, damit sie gute Jobs kriegen und Geld.«

»Hoffst du, nach Mosambik zurückgehen zu können – in dein Land?«

»Ich geh nicht zurück.«

»Aber wenn der Krieg vorbei ist – dann wirst du nicht hierbleiben dürfen. Willst du nicht nach Hause?«

Ich glaubte, meine Großmutter wollte nichts mehr sagen. Ich glaubte nicht, dass sie der weißen Frau antworten würde. Die weiße Frau legte den Kopf auf die Seite und lächelte uns an.

Unsere Großmutter sah weg von ihr und sprach …

»Da ist nichts. Kein Zuhause.«

Warum sagt unsere Großmutter das? Warum? Ich werd zurückgehen. Ich werd durch diesen Krüger-Park zurückgehen. Nach dem Krieg, wenn es keine Banditen mehr gibt, wartet unsere Mutter vielleicht auf uns. Und vielleicht, als wir unseren Großvater verließen, ist er nur zurückgeblieben, hat irgendwie den Weg zurückgefunden, langsam, durch den Krüger-Park, und wird dort sein. Sie werden zu Hause sein, und ich werd mich an sie erinnern.

Chaka tötet einen Löwen

Thomas Mofolo

Eines Tages, als Chaka schon ein junger Mann war, noch uneingeweiht zwar, aber doch schon ein junger Bulle, führte er das Vieh zur Weide, frühmorgens, es war noch kein Schimmer von Dämmerung zu sehen. Als es tagte, war die Herde auf eine Anhöhe gelangt, unterhalb derer dicht bestandene Felder lagen. Doch während er sie herangeführt hatte, war zu Hause unbemerkt in einen der Kraale ein Löwe eingedrungen und hatte ein junges Rind angefallen und geraubt. Nachdem er, wie es schien, genug gefressen hatte und sah, dass die Nacht zu Ende ging, legte er sich ebendort nieder, wo das Korn dicht stand. Chaka zog mit den Rindern daher, ohne zu wissen, dass er den Spuren des gefürchteten Raubtiers folgte. Da, mit einem Mal, bockten die Rinder, wandten sich zur Flucht und jagten davon, dem Kraal entgegen. Chaka blieb verwundert stehen. Was mochten sie bloß gehört oder gesehen haben? Da nichts zu machen war, folgte er ihnen nach und zog heimwärts.

Nun begann die Sonne aufzugehen, und die Leute zu Hause sahen, wie das Vieh von ihm weglief, und da wussten sie auch schon, dass es einen Löwen wahrgenommen hatte, denn die Eigentümer jenes Kraals, in dem der Löwe des Nachts geraubt hatte, waren immer noch dabei, den andern das nächtliche Geschehen mitzuteilen, als das Vieh angerannt kam. Sie redeten und redeten: Sie hätten beobachtet, wie der Löwe dorthin abgezogen sei, wo das Vieh gestanden habe, wie er in Richtung auf den Busch abgeschlichen sei. Weil aber der Buschwald weit entfernt war, habe er sich im dichten Korn niedergelegt, unter einen großen Strauch.

Chaka traf bei den Männern ein, als sie eben entschieden hatten, den Löwen zu verfolgen, und er schloss sich ihnen an. Sie bildeten einen großen Halbkreis, gingen dicht geschlossen, damit der Löwe in Verwirrung geriete, nicht wissend, wen fassen und von wem zu lassen. Als sie von der Anhöhe hinuntergingen, veränderte er seinen Standort; doch statt zu fliehen, machte er sich bereit, sie zu stellen. Er ging auf und ab und kreuz und quer, um seine Spur zu verwischen. Und als sie vor ihm auftauchten, legte er sich nieder und wartete auf sie. Sie schritten eilig und kraftvoll vorwärts, in geschlossener Reihe, und feuerten einander immerzu gegenseitig an, auf dass keiner auskniffe und sie, sobald der Löwe einen angriffe, sogleich zu Hilfe eilen würden; und dass ja keiner sich auf und davon machte! Sie schritten vorwärts, mit Gänsehaut und im kalten Schweiß, das Haar stand ihnen zu Berge im Bewusstsein, dass ihnen die Begegnung mit einem wilden Tier bevorstand. Noch sprachen sie sich gegenseitig Mut zu, als in ihrer nächsten Nähe das Gebrüll ertönte. Der Löwe brüllte, es hörte sich an, als sei er auf dem Sprung. »*Hamm-m-m!*«, tönte es bloß, und dann war er schon mitten unter ihnen.

Steh auf, du Gelber derer von Mothebele.
Gelber, khakifarbiger Leu,
Wenn du nicht frisst, was bei Menschen lebt,
Nimmst du dir zum Raub, was im Buschfeld schläft.
Kleiner Junge hat keine Väterwache,
Kann immer nur töten und zerfetzen!

Ao!, da stoben sie auseinander, da galt nur noch: Rette sich, wer kann, so schnell wie möglich. Die meisten flohen heimwärts, ohne den Löwen gesehen zu haben; sie hörten nur sein Gebrüll. Der eine rannte hinunter, der andere hinauf, der eine lief auf Umwegen, der andere direkt nach Hause. Und ebender, welcher die andern angefeuert hatte, hatte sich als Erster zur Flucht entschieden, doch war der gute Mann den andern dennoch um nichts voraus, weil alle zu gleicher Zeit davongelaufen waren. Der Löwe sprang einen Mann an, warf ihn zu Boden und stellte sich auf ihn. Chaka eilte rasch herbei, die Schar hatte er weit hinter sich gelassen. Er versuchte noch, einen der Männer dazu zu bewegen, gemeinsam mit ihm dem Angegriffenen Hilfe zu bringen, aber der schien die Sprache verloren zu haben – für den gab es nur noch das eine: fliehen! Chaka eilte herbei, immerzu schreiend, um die Aufmerksamkeit des Löwen auf sich zu lenken und ihn davon abzuhalten, sein Opfer sogleich zu töten.

Als er sich dem Tier bis auf einen geringen Abstand genähert hatte, brüllte der Löwe auf einmal wieder, und das Gebrüll trieb die Fliehenden noch mehr zur Flucht an, da sie nun glaubten, der Löwe sei in nächster Nähe, er sei hinter ihnen her. Er brüllte, dass die Erde erzittern wollte. Und dieses sein Gebrüll fand sein Echo in den Gedärmen der fliehenden Feiglinge. Als er aber brüllte, da sprang er auch schon, der gelbe Bulle, der Buschwald-Räuber. Er sprang mit gesträubter Mähne, weit offenem Auge, erhobenem Schwanz, gestreckten Krallen, bereit, den Mann zu zerfleischen. Er sprang einmal, zweimal und war bei ihm.

Chaka erwartete ihn furchtlos. Der Löwe kam und sprang. Als er noch in der Luft war, wich Chaka aus, nur ein bisschen. Der Löwe musste da Fuß fassen, wo Chaka gestanden hatte; er konnte seine Richtung im Sprung nicht verändern, er war kein Vogel. Und während er noch sprang, die Pranke noch nicht auf die Erde gesetzt hatte, sondern sich erst dazu anschickte, stieß ihm Chaka den *assegai* in die weiche Stelle hinter dem Schulterblatt. Und als der Gelbe auf die Erde setzte, da fiel er, da stürzte er wahrlich. Doch bevor er endgültig verendete, hörte sich sein Knurren seltsam an. Chaka behielt ihn immerzu im Auge, frei von Furcht, als wäre er nicht das Raubtier, das ihn eben erst angefallen hatte. Als Chaka den Löwen fällte, war die Vorhut der Männer schon zu Hause angekommen. Und das fürchterliche letzte Knurren bewirkte, dass die Fliehenden sich in die Hütten drängten und nicht wagten, zurückzuschauen. Sie machten die Rohrhecke zu, banden sie fest, schlossen sich dahinter ein und ließen Frauen und Kinder draußen stehen. Für sie war der Löwe gewissermaßen schon mitten im Dorf. Der Lärm der Frauen draußen war für die Männer drinnen wie das Geschrei von Menschen, die der Löwe riss, und sie verschnürten die Türen noch fester!

Chaka begab sich schließlich zu dem Mann hin, auf den sich der Löwe gestürzt hatte. Er erkannte, dass er schon ein Mann von gestern war. Chaka war erstaunt, denn er hatte sich keinen Aufschub gewährt. Doch der Löwe hatte beim Ansprung die Nackenmuskeln des Mannes aufgerissen, und während er auf ihm stehen blieb, als lebte er noch, war der Mann schon verschieden.

Die Flucht der Männer war ein einziges »Einander-im-Stiche-lassen-nicht-schnell-genug«, ein einziges »Mach-Platz-ich-will-vorbei« gewesen. Und sie wussten nicht einmal, wer von ihnen getötet worden war. Die Frauen hatten das Geschehen genau verfolgt, weil sie es von ferne und nicht fliehenderweise beobachten konnten. Als sie sahen, dass Chaka den Löwen tötete, sagten sie zu den Männern in den Hütten: »Chaka hat den Löwen getötet; kommt heraus und helft ihm tragen!« Doch die Männer bestanden darauf, der Löwe habe sich im Korn versteckt; ein so kleiner Junge könne keinesfalls einen Löwen töten, und, wie sie jetzt sahen, lebte Chaka ja noch.

Chaka wartete und wartete, aber sie kamen nicht. Schließlich rief er, rief ihnen zu, der Löwe sei tot. Nun schöpften sie Vertrauen, dass er wirklich tot war. Aber auch die Scham kam über sie, die Scham, dass sie fliehend einen der Ihren im Stich gelassen und einem wilden Tier preisgegeben hatten; und dazu noch der junge Bursche da, von dem das Raubtier zur Strecke gebracht worden war, dieses bartlose Jüngelchen, das den Krieg noch nicht geschmeckt hatte! So fiel ihnen der Aufbruch schwer. Und als die Frauen sahen, dass niemand ging, machten sie sich, allen voran die Mädchen, auf den Weg. Und nun folgten auch ein paar Männer ihnen nach; andere, denen die Scham wirklich in den Knochen saß, blieben zu Hause sitzen.

Der Löwe wurde, noch ungehäutet, weggetragen und nach Nobamba zu Senzangakhona gebracht, und dieser ließ ihn seinem Oberherrn Dingiswayo übergeben, weil Jobe schon gestorben war. Er sagte: »Die Hyäne wird am Sitz des Häuptlings verzehrt.« Und er teilte Dingiswayo auch mit, das Untier sei ohne Beihilfe ganz allein von seinem Sohn Chaka erlegt worden; die andern Männer hätten die Flucht ergriffen. Es war ihm nicht bewusst, dass er auf solche Weise Chaka beim Oberhäuptling in Gunst setzte.

Dieser Löwe brachte Neid ins Dorf. Die Männer und Jünglinge wurden von Scham zerfressen, als alles mit dem Finger auf Chaka zeigte, während sie, wie es hieß, geflohen waren und sich in den Hütten verbarrikadiert hatten. Die Mädchen erfanden damals ein Lied; sie sangen:

Hier in Ncube gibt es keine Jungmannschaft,
Nur einen einzigen jungen Mann.
Hier in Ncube fehlts an Männern,

Denn alle andern Männer sind Memmen:
Sie flohen, verließen den Hüttengenossen draußen im Felde,
Verließen ihren Kameraden, der rang mit dem Löwen
Und ihn packte am Kieferknochen!
Senzangakhona hat keine Leute mehr,
weg sind sie, er wird fallen.
Senzangakhona, suche dein Kind,
lass es nach Hause kommen,
Denn ein Mannskind ist es, ein Schildhalter im Krieg.
Es wird für dich Krieg führen, deine Feinde schlagen.

Dieses Lied sangen sie mit Absicht und Plan da, wo viele Leute beisammen waren. Die Frauen von Nandis Altersgruppe dichteten ihrerseits ein Lied, in dem es zuletzt heißt:

Die wahren Menschen fehlen, wir wohnen unter Fremden,
Wir wohnen bei Menschähnlichem, was Mensch nicht ist.
Doch, was sagen wir von Chaka? Ist er ein Kind?
Frauen von Ncube, verwundert euch!
Frauen von Senzangakhona, ihr seid zu nichts mehr nütze.
Frau ist Nandi, sie ganz alleine,
Denn sie hat ein Kind geboren, das durch und durch
ein Mann ist.

Der Leser möge sich dessen bewusst sein, dass es für einen Mann nichts Entwürdigenderes gibt, als wenn er von singenden Frauen mit Spott und Hohn bedacht wird, und dass es anderseits auch nichts Schöneres für ihn gibt, als wenn sie ihn im Preislied loben. Wir sprechen ja von vergangenen Zeiten der Vorväter, nicht vom heutigen Tage.

Diese beiden Gesänge machten böses Blut unter den Männern und Jünglingen, denn sie sahen, dass die Isinkazana zu Chaka hielten, während sie selber verschmäht wurden. In jenen Tagen fand nämlich eine Frau keinen Gefallen an einem Feigling, mochte der Mann auch noch so hübsch sein. Nein, da brauchte die Frau einen kampffähigen Mann, einen wahrhaften Krieger, sei es, dass zum *assegai* gegriffen wurde oder in andern ähnlichen Fällen. Solch ein Mann, mochte er noch so hässlich sein, war begehrt; auf ihn wurden Lieder gedichtet, die ihn emporhoben und andere herabsetzten. Wir können die Mädchen deswegen kaum tadeln, denn es herrschte zu jenen Zeiten die Gewalt, und eine Frau, die Schutz suchte, musste einen solchen Mann wählen, einen, der von andern gefürchtet wurde, einen wahrhaften Kämpfer.

Jene Missstimmung unter den Männern breitete sich aus und ergriff auch die Leute um Mfokazana, und alle nahmen sich vor, Chaka an einem Fest, an dem er auch anwesend wäre, meuchlerisch zu beseitigen. Die Großfrauen Senzangakhonas wiederum sagten, die Frauen von Ncube hätten sie durch jene Lieder beleidigt. Sie verlangten, dass Senzangakhona zum Rechten sehe. Als die Dinge so standen, kam ein Bote Dingiswayos zu Senzangakhona, der sprach: »Dingiswayo lässt grüßen; er sagt, ob du nicht vor längerer Zeit seinem Vater, Jobe, gemeldet habest, dass dir ein Sohn geboren wurde. Wann wirst du ihn zu ihm entbieten, damit er ihn sehen und kennenlernen kann? Er lässt dir vielmals danken für jenes wilde Tier, das du ihm übersandtest. So entsende nun auch Chaka; der wird dir dann als Gegengabe ein junges Kälblein überbringen.«

Diese Botschaft Dingiswayos dämpfte den Aufruhr der Großfrauen Senzangakhonas und der Männer in Ncube. Alle begriffen, dass im Falle von Chakas Tod Dingiswayo den Getöteten von ihnen abverlangen würde. Auch Chaka selbst kam das Begehren Dingiswayos zu Ohren, aber er wollte abwarten, dass sein eigener Vater ihm die Sache eröffnen werde. Senzangakhona jedoch blieb ein für alle Mal stumm. Bislang hatte

Chaka noch immer auf seinen Vater vertraut. Er sagte sich, der Tag werde kommen, an dem er ihm Recht verschaffen werde. Doch dieser Tag sollte nie anbrechen. Chakas Leben nahm Gestalt an, nahm seinen eigenen Lauf, indessen jener in Stillschweigen verharrte. Ja, statt Chaka Recht zu verschaffen, legte er sogar Feuer ans dürre Gras, um ihn zu versengen.

Die Funkenfrau

André Brink

Da es uns um die Wahrheit geht, um die ganze Wahrheit und nichts als die Wahrheit, müssen wir hier auch noch etwas anderes berichten. Nicht nur der größte Jäger in diesem Teil der Welt war Kupido, sondern auch der größte Sänger, der größte Geschichtenerzähler und, wenn ihm danach war, auch der größte Frauenheld.

Es begann vor geraumer Zeit. Das erste Mal ist nicht überliefert, aber auch nicht sonderlich wichtig. Es muss in der Zeit vor Servaas Ziervogel gewesen sein, als der Junge im Buschland Ziegen hütete; er bohrte ein fingertiefes Loch in den Sand, benetzte es mit Speichel und schob sein kleines Glied hinein. Nicht besonders aufregend. Als er jedoch eine Woche später mit seiner Ziegenherde an der Stelle vorbeikam, wuchs da eine Pflanze aus dem Loch. Und zwar nicht nur irgendein gewöhnlicher kleiner Ganna-Strauch, sondern etwas, das aussah, als könnte ein Baum daraus werden. Und noch vor Ende des Jahres war es in der Tat ein Baum. Mit einem hohen, gradwüchsigen Stamm, dichtem Laubwerk und Vögeln auf den oberen Zweigen, eine Art Baum, wie man sie in dieser Gegend nie zuvor gesehen hatte. Und binnen Kurzem war es nicht nur ein einzelner Baum, sondern ein ganzes Gehölz – ein sicherer Hinweis, dass Kupido seine Talente aufs Äußerste genutzt hatte.

Es besteht keinerlei Notwendigkeit, auf weitere peinliche Einzelheiten einzugehen, doch etwas muss noch erwähnt werden, dass nämlich Kupido in den darauffolgenden Jahren jedes willige Mädchen auf der Farm nahm. Und auch etliche weibliche Tiere aus den Schaf- und Ziegenherden, die drei Puten und was sonst den Göttern beliebt hatte, ihm über den Weg zu schicken.

Irgendwann begann sein Interesse, sich auf weibliche Wesen jenseits des Natürlichen auszuweiten. Auf Nixen beispielsweise. Es empfiehlt sich allerdings, sich nicht allzu viele Gedanken über die Vorgehensweise bei einer Vereinigung mit einem Wesen, das bis zum Nabel eine Frau und von da an abwärts eine schuppige Wasserschlange ist, zu machen. Immerhin könnte dies eine Erklärung dafür sein, dass er an dem Tag, als er Servaas Ziervogel vor dem sicheren Ertrinken rettete, ohne vorher innezuhalten und die dort hausende Nixe um Erlaubnis zu fragen, ungeschoren blieb; eine frühere Bekanntschaft mochte für einen glücklichen Ausgang gesorgt haben.

Zu der Zeit, als Kupido sich auf seine Reise mit Servaas Ziervogel machte, war er also wohl gut gerüstet für das, was vor ihm lag. Und während sein Herr und Meister sich darauf beschränkte, gelegentlich eine Witwe oder eine alleinstehende Frau zu trösten, darf man wohl mit Sicherheit davon ausgehen, dass es Kupido nicht an Gelegenheiten mangelte, seine Begierden zu stillen. Wahrscheinlich ist es auch nicht zu weit hergeholt, daraus in Übereinstimmung mit einem angesehenen Wissenschaftler zu dem Ergebnis zu kommen, dass Kupido auf dieser Reise – die, wie wir wissen, vom Jakkals River zum Dwyka River, von da zum Gamtoos River, weiter nach Platbosch und Noupoort, nach Riem und Luiperdskloof, zur Shiny und zur Shallow und zur Bushman Fountain führte – ungefähr hundertvierunddreißig Nachkommen zeugte. Ganz abgesehen von der beträchtlichen Anzahl Bäume, die er unterwegs pflanzte.

Nachdem er sich auf der Farm bei Agter-Sneeuberg niedergelassen hatte, arbeitete er weiterhin gewissenhaft darauf hin, seinen Ruf zu festigen. Ab einem bestimmten Zeitpunkt gaben die Leute es auf, mitzuzählen. Tatsache ist, dass es für alle außer ihm allmählich eher langweilig wurde. Bis eines Tages Gerüchte über eine Frau zum Tandjiesberg durchsickern, über eine Frau nämlich, die dafür berühmt ist, es mit jedem Mann aufzunehmen, und die auf der anderen Seite des Berges, in Richtung des Plattbergs lebt.

Als er zum ersten Mal diese Geschichten hört, grinst Kupido nur und zuckt die Schultern. Als sie jedoch beharrlich weitererzählt werden, beginnen sie, an ihm zu nagen. In seiner Umgebung fangen die Leute schon an zu flüstern: Glaubst du etwa, du seist etwas Besonderes? Eine Frau gibt es, mit der wirst du nie im Leben fertig.

Es nagt und nagt und nagt. Unablässig nagt es an ihm. Genauso lästig, wie wenn ein Krümel in ein Loch im Zahn gerät.

Er beginnt, Erkundigungen anzustellen – vorsichtig zuerst, versteckt, dann immer kecker.

Was bildet diese Frau sich eigentlich ein?

Ihr Name ist Anna Vigilant, berichtet man ihm. Ein Bein von ihr ist lahm, aber was heißt das schon. Der Baas hat sie vor langer Zeit aus dem Buschmännerland mitgebracht, als er losgezogen war, um Kinder einzufangen, die er dann auf seiner Farm für sich arbeiten ließ. Jetzt ist sie eine hervorragende und berühmte Seifensiederin. Doch vor allem, vor allem: eine Frau, die, darauf kann man sich verlassen, jeden Mann aufs Äußerste auslaugt, sodass er am Morgen reif fürs Grab ist. Kein Mann, der sich selbst für einen Mann hält, steht eine ganze Nacht mit ihr durch.

Sagt wer?

Sagen alle, die es wissen müssen.

Jetzt reicht es Kupido. Vielleicht ist es an der Zeit, die Probe aufs Exempel zu machen.

Gut möglich, dass er zu viel getrunken hat. Seit Servaas Ziervogel weitergezogen ist, hat Kupido sich jeder erdenklichen Art flüssiger Erfrischung hingegeben. Aus dem Keller des Farmers, bei dem er derzeit wohnt. Oder Karie. Alles. Gebräue aus Kougoed, Gli- oder auch Daturawurzeln und Ganna-Blättern und Devils's tobacco, auch Füchsinnenfurz genannt. So stark wie die Lauge, die man zum Seifensieden braucht. Stark genug, um dir die Eingeweide auszubrennen, sodass nur noch schwelende Reste davon übrig bleiben und du am helllichten Tag Sterne siehst. In dieser Stimmung, irgendwo zwischen Sonne, Mond und Sternen taumelnd, fasste Kupido den folgenschweren Entschluss, diese Frau zu treffen. Sie müssen ihre Geschichte hinter sich lassen und einander begegnen, wie sie wirklich sind, nackt, Mann und Frau, Mensch und Menschin.

Keine einfache oder schnell zu lösende Aufgabe. Sie müssen eine Zeit abwarten, wenn alle, die beim Tandjiesberg leben, sich versammeln können, ohne bei den Farmern Verdacht zu erregen. Nur ein Datum kommt dafür infrage: die paar Tage um Neujahr, wenn alle Farmer eine Ruhepause einlegen und die Arbeit auf der Farm vorübergehend zum Stillstand kommt. Endlose Monate hindurch sind Botschaften ausgetauscht worden, gefolgt von unerträglichem, aufwühlendem Warten.

Was allerdings den anderen nicht viel hilft, denn eines macht Kupido ihnen von Anfang an klar: Diese Begegnung geht einzig ihn und sie etwas an. Die anderen können ihr eigenes Fest feiern, doch das muss getrennt davon geschehen, auf der Farm des Baas, vor ihren Hütten und Verschlägen; er und die Frau aber treffen sich auf dem Berg, wo er nur er sein kann und sie nur sie.

Aber wie werden sie erfahren, was dabei herausgekommen ist?, wollen die Leute wissen.

Das werden sie schon sehen.

Und Kupido schickt der Frau eine Botschaft. Wie sendet er sie? Durch einen Jungen, einige Leute sagen, durch einen Jungen in dem Alter, in dem Kupido mit den Quitten und den Granatäpfeln zur Nachbarsfarm geschickt worden ist. Andere hingegen sagen: Nein, es war kein Junge. Was war es denn dann? Ein Hase natürlich. O nein, widersprechen wieder andere. Kein Hase. Wie wäre es mit einem Chamäleon? Nein, kein Chamäleon. Was dann? Es war der Wind. Wenn es eine gewichtige Botschaft zu befördern gilt, ist nur auf den Wind Verlass.

Wir bestimmen also: In Ordnung, Kupido sendet seine Botschaft mit dem Wind. Und die Frau bittet den Wind, ihre Antwort zu übermitteln. Sie sagt: Ja. Wir werden uns auf dem Berg treffen, ganz oben, wo eine kleine ebene Stelle ist, so als hätte eine große Hand sie glatt gestrichen. In der Nacht, wenn das alte Jahr mit dem neuen verschmilzt.

Das lässt Kupido einige Tage Zeit, um sich zu überlegen, wie er es am besten anstellen soll. Denn in derlei stürzt man sich nicht Hals über Kopf. Ein Leben steht auf dem Spiel. Zwei Leben eigentlich.

Während dieser Zeit des Wartens zieht Kupido als Erstes seinen Spiegel zurate. Dies geschieht eines Abends nach Einbruch der Dunkelheit, beim schwachen Schimmer einer Kerze im Dunkel seiner kleinen Hütte. Er wendet den Rücken dem Eingang zu. Und so geschieht es, dass er, als er so dasitzt und in die verschatteten Augen des Fremden blickt, hinter seinem Kopf eine Sternschnuppe sieht, die zu einem Sprühnebel explodiert. Das ist es wohl, was ihn auf die Idee bringt.

Unmöglich zu sagen, wie und wo er die Glühwürmchen findet, noch dazu so viele, und wo und wie es ihm gelingt, sie zu verstecken, aber so ist es nun mal.

Am Silvesterabend sammeln sich dort, wo die Hütten der Arbeiter sich aneinanderdrängen, die Leute, unschlüssig und gehemmt, wie zu einer Taufe oder einer Hochzeit oder einer Beerdigung geladene Gäste, die nicht zu beflissen erscheinen wollen. Hier kommen sie alle zusammen, von nah und fern, über Hügel und Ebenen, Bergkämme und Gebirgszüge, Männer und Frauen und Kinder, eine Menschenansammlung, wie es sie noch nie in dieser Gegend gegeben hat, nicht einmal zum *Nagmaal,* wenn das Abendmahl gefeiert wird. Und es hat sich so ergeben, dass der Mond voll ist, ein Zeichen, dass Heitsi-Eibib und Tsui-Goab beschlossen haben, höchstpersönlich an dem Fest teilzunehmen, etwas, das selbst unter normalen Umständen ein Anlass zum Tanzen und Feiern gewesen wäre.

Als in dieser Nacht der Mond in der Mitte des Himmels thront, stehen die versammelten Leute Reihe für Reihe um den freien Platz vor den Hütten herum. Jetzt taucht Kupido aus seiner Hütte auf und schüttelt jedem einzeln die Hand, als wolle er Abschied nehmen, und macht sich allein auf den Weg, über das kahle Feldland, den Berghang hinauf, als ginge er dem Mond entgegen. Ganz oben, wo der Weg sich abflacht, hat er bereits an den Tagen zuvor aus trockenen Zweigen einen kleinen Verschlag gebaut, nicht gerade geräumig, aber groß genug für zwei, den Eingang verdecken zwei Kuhhäute.

Hier kommt er an, angetan mit seinem Umhang aus Schakalfellen. Und von der anderen Seite des Berges kommt die Frau, von Kopf bis Fuß in ihren Umhang aus Klippschlieferfellen gehüllt. Ein Bein zieht sie nach.

Weit weg, drunten im Farmhof, warten die Leute, es summt

wie in einem Bienenstock. Musik ertönt, mit nur wenigen Saiten versehene Ghoeras und Rohrflöten und mit Ochsenhaut bespannte Trommeln. Alles geschieht sehr langsam, sehr überlegt. Keiner hat es eilig. Keiner hört wirklich zu. Alle Ohren sind nach innen gerichtet; dort ist das Schweigen angespannt wie eine Saite. Alles Sprechen ebbt ab, alle Bewegung erstarrt.

Droben auf dem Berggipfel, wo die niedrigeren Sterne grasen, kriechen die beiden Kontrahenten in den Unterschlupf. Keiner von beiden sagt ein Wort. Von jetzt an sind ihre einzigen Zeugen der Vollmond und natürlich die Sterne. Und der Wind höchstwahrscheinlich. Denn falls es der Wind war, der ihre Botschaften hin- und hergetragen hat, dann wird er auch derjenige sein, der nachher die Geschichte in der Welt verbreitet.

Kaum drinnen, werfen sie ihre Umhänge ab. Beide müssen sie ihren Körper mit Fett und Buchu-Öl eingerieben haben, denn in dem kurzen Augenblick, ehe die Kuhhäute vor den dunklen Eingang gezogen werden, schimmern im Mondlicht nackte Gliedmaßen auf.

Sssssssssssss, zischeln die Sterne, als gösse man Wasser über ihr Funkeln. Sssssssssssss.

In dem Unterschlupf tanzt etwas wie zwei Wirbelwinde aus Mondlicht und Dunkelheit umher.

Sssssssssssss.

Die Frau beginnt, tief in der Kehle zu summen. Kupido knurrt wie ein Leopard.

In der fernen Ferne, wo die Leute dicht gedrängt warten, schicken die Trommeln ein Donnergrollen gen Himmel, die Flöten singen, die Ghoeras wimmern und brummen.

In der Hütte gibt es nicht Rast noch Ruhe, keinen Augenblick. Der Wirbelwind wirbelt weiter.

Droben beginnt der Mond langsam seinen Abstieg, die

Milchstraße dreht sich in einer Spirale vorbei, der Große Jäger
schreitet weiter. In dem Unterschlupf wirbeln und drehen sich
unaufhörlich die Schatten.

Es ist wohl auf halbem Weg zum Morgen, als etwas Außer-
gewöhnliches geschieht. Als sie noch einmal aufeinander zu-
taumeln und den Umhang streifen, den Kupido abgeworfen
hat, packt er, auf unerklärliche Weise, eine Handvoll Glühwürmchen, schiebt seine Hand an die Stelle, wo ihre Körper
sich vereinen, und lässt ein Glühwürmchen frei. Es zieht einen
kleinen, hell funkelnden Lichtstreif hinter sich her.

Ein Funken!

Sssssssssss.

Eine keuchende, drängende, verworrene Pause. Dann noch
ein Funken!

Sssssssssssssssss.

Aus der Tiefe ihrer Kehle gurrt die Frau wie ein Nachtvogel,
der sich in den Himmel schwingt.

Noch mehr Funken!

Keiner der beiden kann noch viel Kraft übrig haben, trotzdem machen sie weiter. Jetzt. Jetzt. Jetzt!

Sssssssssssssssssssssssssssssssssssssssssssssssssssssssssssssss.

Er brüllt. Die Frau schreit. Und in ihrem Schrei wird sie zu
einem Namen: Anna Vigilant.

Er schiebt eine Handvoll Glühwürmchen zwischen ihre
Schenkel. Sie knistern wie Sternschnuppen, wie ein Kome-
tenregen am nächtlichen Himmel, der sich an seinen Enden
schon rot färbt.

Heeeyyyy!, schreien und brüllen und wettern die Sterne.
Anna steht in Flammen! Der Unterschlupf geht in Flammen
auf!

Mögen sie auch für einen Augenblick erstarrt sein vor
Furcht, es dauert nicht lange. Denn als sie um sich blicken,
sind da keine Flammen, die es zu löschen gilt. Die trockenen

Zweige des Vortages sind von jungen, grünen Schößlingen und Blättern und Blüten überzogen.

Und Kupido Kakerlak und Anna Vigilant tauchen aus der Hütte auf, sittsam wieder in ihre Umhänge gehüllt, Hand in Hand. Gemeinsam gehen sie den Hang hinab, zurück zu den Leuten, wo die Musik immer hoch klagt und jubelt, zurück in die Alltagswelt.

Weiß ist das Gesetz
William Bloke Modisane

Etwas in mir, ein Stück von mir starb, als Sophiatown starb. Es war im Winter 1958, der Himmel war ein Schleier von kaltem Blau, in Bleichlösung getaucht und als Kuppel gespannt; der graue Staub filterte und verfärbte sein Blau. Wie der Mond bei Tage war die Sonne, eher hell als heiß, sie verspottete mich mit ihrer Vorspiegelung von Wärme – ein blasser Leuchtkörper am blaugrauen Himmel, ein Spiegel, der die Hitze zerstreute und auf mich in meinem Sophiatown nur einen fahlen Abglanz warf.

Es war Montagmorgen, mein erster Arbeitstag ohne Arbeit. Genau vor einer Woche hatte ich meine Stelle als Journalist bei der *Golden City Post,* der wöchentlichen Bilderzeitung für die Johannesburger Afrikanersiedlungen, aufgegeben. Ich war frei, doch war ein bitterer Geschmack im Mund zurückgeblieben: der Streit mit Hank Margolies, dem zweiten Redakteur, die Auseinandersetzung, bei der er den weißen Chef herausgekehrt hatte, mein Kündigungsbrief. Und all das vermischte sich jetzt mit dem Schrecken der Zerstörung von Sophiatown. Ich war ein Fremder, der durch die Straßen einer vom Blitzkrieg getroffenen Stadt wanderte. Der Plan zur Bereinigung der Westgebiete war zwar seit fast zwei Jahren beschlossene Sache, aber ich hatte ihn nie mit vollem Bewusstsein zur Kenntnis genommen.

Im Namen der Beseitigung von Elendsvierteln hatten sie ihre Räumbagger auf unsere Stadt losgelassen und in ihren Leib gejagt, und als ich die Good Street hinuntersah, erschien mir die Stadt für einen Augenblick wie eines ihrer vielen eigenen Opfer: wie ein Mann, der, zerfleischt von den Messern Sophiatowns, in der Gosse liegt, ein Kürbis im Gestank der offenen Abflusskanäle, der aus tausend Stichwunden stirbt, aus klaffenden Löchern, aus denen sein Blut hervorschießt, und im Gesicht des Sterbenden jener versteinerte Ausdruck von blinder Furcht, Entsetzen und Fassungslosigkeit.

Ein Blitzkrieg hatte mein Sophiatown überzogen. Es war zum Denkmal geworden für die Rache eines politischen Eroberers, für den Vandalismus des Herrn Dr. Hendrik Frensch Verwoerd. Meine Welt stürzte ein. Martha Madumas Kneipe war weg, und Martha hatte ihre Tätigkeit in die Meyer Street verlegt. Aber ihrer neuen Kneipe fehlten die Farbe und der Duft des langen, schmalen Durchgangs, der Geruch von Urinlachen. Ich trat in den Durchgang, die Lachen waren vertrocknet, der Geruch verschwunden, an seinem Ende stand noch die Kneipentür, Martha aber war nicht mehr da.

Der Tür gegenüber, hinter dem Wellblechzaun, nichts als Zerstörung. Die Mietshäuser waren dem Erdboden gleichgemacht. Irgendwo zwischen den Ruinen musste das Zimmer von Nene sein, meinem Freund aus den Jugendjahren, der ein Mörder geworden war und nun seine sieben Jahre absaß. Er wird sein Zimmer nie wiedersehen, noch die Frau, mit der er zusammenwohnte. Ich wandte mich rasch ab von dem öden Schauplatz und schritt den langen Durchgang zurück zur Good Street, vorbei an Alis Fisch- und Kartoffelbraterei, in der es ständig nach ranzigem Fett gerochen hatte. Am Odin-Kino blieb ich stehen und betrachtete die Schaukästen. Es gab immer die gleichen blutrünstigen Zweigroschenfilme mit so einprägsamen Titeln wie *Schüsse nach Westen, Die erste Kugel trifft, Schüsse über die Prärie.*

Dem Kino gegenüber lag eine der riesigen Gemeindesiedlungen, in denen zweiunddreißig Familien in zweiunddreißig Räumen hausten. Die Bewohner waren ausgesiedelt worden, aber die vier Blöcke mit ihren jeweils acht Räumen standen noch. Dächer, Türen und Fensterrahmen waren herausgerissen, nur die Wände waren noch da, Mauern mit klaffenden Wunden. An die Wände zweier Räume waren Parolen gemalt, eilig wohl, denn die Farbe troff wie Blut von den Buchstaben herab: WIR WOLLEN NICHT WEG »ONS POLA HIER«, HÄNDE WEG VON SOPHIATOWN! Vor dem Hintergrund der Zerstörung wirkten diese Parolen wie staubiger Hohn auf ihr Prahlen.

Die Umrisse der Gebäude, die nackten Wände, schienen schutzlos und hilflos den Räumbaggern preisgegeben, wie Bäume kahl und starr in der Winterkälte stehen, wenn der Herbstwind ihre Blätter fortgefegt hat, und wie ich selber am Heiligabend vor drei Jahren vor dem Kino gestanden hatte, die Mündung einer Pistole direkt vor dem Magen.

»Wenn du nur einen Mucks tust, Bloke«, hatte Lelinka gezischt, »einen einzigen Mucks, dann knall ich dich ab.« Ich stand da, angsterstarrt, hilflos und wehrlos, und ich wollte nicht sterben.

»Du elendes Scheißhaus«, sagte er. Gilbert »Kwembu« Moloi, ehemals Schwergewichtsmeister der farbigen Boxer und damals unser Rausschmeißer, bettelte um mein Leben und redete Lelinka zu, die Pistole doch wegzustecken. Und nach zehn Minuten, während denen mein Leben an einem Faden gehangen hatte, zehn Minuten, in denen ich mit den unflätigsten Beschimpfungen überhäuft wurde, steckte Lelinka seine Pistole wieder ein. Ich hatte noch einmal Aufschub gewonnen.

Ich arbeitete als Türhüter am Notausgang des Odin-Kinos, und es war gerade die Vormittagsvorstellung am Weihnachtstag, als plötzlich eine Frau in den Einsdreißiger-Logen zu schreien begann.

»Schau doch mal nach, was da los ist«, sagte Herr Berman, der Geschäftsführer.

»Es ist da drüben, wo die Amerikaner sitzen«, antwortete ich. »Sie sind ein Weißer, mit Ihnen werden sie keinen Krawall anfangen.«

»Du hast wohl Angst, wie?«, witzelte er. »Mach dir nichts draus, die rühren dich nicht an, bevor du tot bist.«

Ich ging den Mittelgang hoch bis zur Reihe R, wo das Mädchen schrie, und knipste die Taschenlampe an.

»Hau ab«, sagte eine Stimme.

Ich richtete die Taschenlampe auf das Gesicht des Sprechers.

Es war Lelinka, der mit seinen Messerstecher- und Rabaukenbrüdern Selenki und Boykie den Club der »Amerikaner« gegründet hatte, den Club der bestangezogenen Burschen von Sophiatown, deren Anzugsschnitt direkt aus dem Esquire stammte.

»Lelinka, das Mädchen macht Lärm«, sagte ich.

»Das geht dich einen Dreck an, Bloke«, sagte Lelinka. Als er aufstand, zog er seine Hand unter dem Rock des Mädchens hervor. »Ich sage dir, hau ab, du Scheißhaus!«

Wir gingen den Mittelgang hinunter in die Vorhalle, warfen uns Schimpfwörter an Kopf, und erst draußen sah ich den Revolver. Ich wurde sofort still, als ich seine Augen sah. Die klaffenden Risse in den nackten Mauern erschreckten mich, ich lief die Straße hinunter, an Dr. Bayevers und Dr. Wolfsons Praxis vorbei, und blieb bei der Tankstelle stehen. Die Neununddreißig Stufen, Fattys berühmte Kneipe, war zerstört. Ich sah im Geist die wackligen Stufen – im Ganzen dreizehn –, die in die Schankstube führten, zu dem Neonlicht und den modernen Möbeln und der verführerischen Fatty. Es war wohl die einzige Kneipe, in der es eiskaltes Bier gab, und sicherlich eine der Sehenswürdigkeiten von Sophiatown. Nun war sie verschwunden.

Verschwunden waren auch die Geschichten, die aus den Neununddreißig Stufen herausdrangen, Geschichten voller Aufregungen und Schrecken. Da war jene Nacht, in der die »Spoilers« zu Fatty kamen, eine Bande aus Alexandratown, um Durango Kid auf die Schippe zu nehmen: Es wurde gemunkelt, Durango Kid sei solide geworden und trage keine Pistolen mehr bei sich. In ihrem De Soto waren die »Spoilers« nach Sophiatown gekommen, und in den Neununddreißig Stufen versuchten sie, Durango Kid lächerlich zu machen, und suchten Streit mit ihm. Aber Durango Kid blieb geduldig, er wollte sich nicht provozieren lassen. Und als sie immer anzüglicher wurden, stand er auf.

»Wartet hier«, sagte er, »ich bin gleich wieder da.«

Eine Viertelstunde später kam er wie sein Namensvetter mit zwei Revolvern die Good Street herunter, gerade in dem Augenblick, als die »Spoilers« die Kneipe in ihrem De Soto verließen. Und Durango Kid schoss, er schoss mit beiden Händen zugleich, und der De Soto zog ab wie ein Düsenjäger. Durango Kid schoss hinterher, bis er außer Reichweite war.

Das war nun alles vorbei.

Ich ging die Good Street hinunter und die Gerty Street hinauf, gleichsam durch eine Geisterstadt mit verlassenen Häusern und verwüsteten Wohnungen, mit zerronnenen Träumen und zerbrochenen Menschenleben, umgeben von aufrüttelnden Erinnerungen, die einen aufreizend, die andern entsetzlich. Denn Sophiatown war wie unsere ausgelassenen Geselligkeiten, wie der Klang der Blechpfeifen, ein aufgestauter Zwang zu ausgelassener Fröhlichkeit, doch stets mit einem

Anflug von Schmerz. Sophiatown glich unseren Wochenenden, es war der Grund oder besser ein Vorwand für uns, den Lauf der Zeit anzuhalten und eine Art Wunschtraumerfüllung zu feiern; denn wir liebten Sophiatown, weil sich so viele Menschen darin zusammenballten, wir lebten nicht nur darin, wir waren Sophiatown. Sophiatown war verwirrend und widersprüchlich und zog die heftigsten Gegensätze an; in den Lärm der Lust und den Schall des Gelächters mischte sich der Groll und der Gestank der Beleidigungen; wir sangen unsere traurig-fröhlichen Lieder, tanzten hingerissen unsere erotischen Tänze; wir pfiffen und johlten, betranken uns und erschlugen einander.

Vor Gerty Street Nummer 21 blieb ich stehen. Hier lagen die Trümmer des Hauses, in dem Emily gewohnt hatte. Erinnerungen an glückliche Nächte stiegen in mir auf, quälten mich und machten mich wütend, und dann fühlte ich mich scheußlich einsam. Die Menschen, die ich kannte und liebte, sie waren fort, die Verwandten, die Freunde, die Jugendliebe, die Schönheitskönigin des vergangenen Jahres, die leichten Mädchen, die Kneipenwirtinnen, die Bettler, die Diebe, die Gauner, die schweren Jungs, die Mörder, alle waren sie fort, und mit ihnen die einzige Welt, die ich kannte. Vorüber waren Musik und Fröhlichkeit und Gewalttat, nur die trostlose Leere blieb.

Ziellos ließ ich mich in die Höfe treiben, im Geiste sah ich die Bruchbuden, die Hütten, die Elendsquartiere wieder aufsteigen aus dem Schutt und dem Staub. Ich ging um die Rinnsteine herum, um die Mülltonnen, die Bedürfnisanstalten: Es waren die Dinge, die ich in Sophiatown am meisten gehasst hatte; aber da sie nun nicht mehr zu mir gehörten und ich kein Recht mehr hatte, mich über sie zu beklagen, liebte ich sie. Dort in dem Schutt war jetzt ein Stück von mir.

Langsam verließ mich der Stolz, in Sophiatown aufgewachsen zu sein. Ich hatte meinen Kindern gegenüber versagt, wie meine Väter und Vorväter und die Götter meiner Ahnen mir gegenüber versagt hatten. Sie hatten dieses Land, diesen Kontinent verloren, ich aber hatte nicht einmal vermocht, meinen Kindern ein Stückchen unkrautbewachsenen Boden zu bewahren, dieses Sophiatown, das schließlich nichts weiter war als ein Elendsviertel. Auf den Ruinen meines Elternhauses in der Bertha Street wurde mir klar, dass ich nie zu meinen Kindern sagen würde: Hier steht mein Geburtshaus, und als ich ein kleiner Junge war, war Sophiatown noch eine leere Steppe, und dort stand einmal ein Baum, der einzige Baum vielleicht in der ganzen Siedlung, und um ihn herum und in ihm spielten wir und träumten von einer Märchensiedlung in Parks und Gärten mit schönen Blumen, von einer Afrikanersiedlung mit einem Spielplatz, wie die weißen Kinder ihn haben, und dass die Träume, die wir träumten, kühn waren. Doch nicht einmal ein paar schöne Erinnerungen werden meinen Kindern bleiben, sondern nur die endlose Tragödie des Enteignetseins. Alles, was ich ihnen hinterlassen kann, ist der Schutt und die Demütigung der Niederlage, die Qual, Sophiatown sterben zu sehen, sterben durch die Hand von Menschen.

Das Haus, in dem ich geboren wurde, war in den Staub gewalzt, und es schien mir von besonderer Bedeutung, hier zu stehen, als sollte ich Zeuge sein, wie der Ring der Zerstörung sich in meinem Leben schloss. Meine Freunde verließen das Land, Ezekiel Mphahlele hatte einen Posten in Nigeria angenommen, Millners waren nach Irland gegangen, Arthur Maimane war in Ghana, und bald würden auch Elly und Lionel Rogosin und die ganze Mannschaft von *Komme wieder Afrika* fortgehen. Zuerst hatte Herr De Wet Nel, Minister für Verwaltung und Entwicklung der Bantu, unter Hinweis auf Absatz

9(7)(f) des Eingeborenengesetzes (Städtische Gebiete) Nummer 25 von 1945 gedroht, dass »der Minister für Verwaltung und Entwicklung der Bantu, sofern nicht die örtlichen Behörden durch Bekanntmachung im Amtsblatt Einspruch erheben, jedes gesellige Beisammensein in einer privaten Stadtwohnung verbietet, wenn daran ein Afrikaner teilnimmt und nach Auffassung des Ministers ein solches Beisammensein im Hinblick auf die Örtlichkeit, in der das betreffende Haus liegt, unerwünscht ist. Jeder Afrikaner, der an einem solchen Beisammensein teilnimmt, macht sich eines Vergehens schuldig und ist mit einer Geldstrafe bis zu zehn Pfund zu belegen, oder mit einer Gefängnishaft bis zu zwei Monaten, oder mit beidem«.

Und dann hatte der Minister die Namen von dreizehn weißen Bürgern der Stadt Johannesburg öffentlich anschlagen lassen und ihnen verboten, fernerhin irgendwelche Geselligkeiten zu veranstalten, oder, wie er sich wörtlich ausdrückte, »weder direkt noch indirekt an einer Veranstaltung teilzunehmen, sie abzuhalten oder zu organisieren, bei welcher ein Afrikaner zugegen ist«. Solche gemischten Gesellschaften würden abgehalten von »unverantwortlichen Elementen«, sie seien »un-südafrikanisch und ihrer Natur nach umstürzlerisch« und stünden »in völligem Gegensatz zur wohlbekannten südafrikanischen Sitte«. Der Minister schloss unter Andeutung dunkler und seltsamer Vorgänge: »In letzter Zeit ist bei solchen Gesellschaften der Alkohol in Strömen geflossen, und die Folgen kann man sich ausmalen.«

Das Ganze war ein taktischer Schachzug des Ministers. Das Verbot genügte schon, und es war gar nicht nötig, die Zustimmung der örtlichen Behörden einzuholen. Die Liberalen katzbuckelten, sie hatten sich einschüchtern lassen und hüteten sich, ebenfalls auf die Liste der »Dreizehn« zu geraten, von denen die meisten ohnehin schon aufgrund des Gesetzes zur

Unterdrückung des Kommunismus in einen Hochverrats-
prozess verwickelt waren.

Weiße Freunde, die mich öfter zu einem »gesetzeswidri-
gen Schluck« in ihre Wohnungen eingeladen hatten, wurden entsprechend vorsichtig, und wenn sie mich weiterhin
einluden, so fand die Zusammenkunft in meinem Zimmer
in Sophiatown statt. Ich war aufgebracht. War es schon un-
verantwortlich genug, wie die Regierung unser Leben in der
Öffentlichkeit reglementierte, so machte dieser Eingriff in
das Privatleben mich erst recht rebellisch. Ich lud noch mehr
weiße Freunde zu mir ein, um meinen Protest auszudrücken,
und hoffte, dass auch sie sich gegen diesen Missgriff offen
auflehnten. Aber der Minister hatte ihnen die Furcht vor dem
Tyrannen eingejagt, und als ich einsehen musste, dass sie sich
aus Angst an die unerträgliche Lage anpassten, begann dieses
Land für mich zu sterben.

Ich fing an zu ersticken, und mit dem sterbenden Sophiatown fiel meine ganze Welt in Trümmer. Meine Ehe ging in
die Brüche, und Fiki, meine Frau, nahm meine Tochter und
ging mit ihr »zu Mutter zurück«. Der Streit mit Hank Margolies machte die Misere komplett. Ich hätte meine Stelle nicht
aufzugeben brauchen, ich hätte meinen Stolz unterdrücken
und dem zweiten Redakteur das Vorrecht lassen können,
ein Weißer zu sein. Zwar war es ungeschriebenes Gesetz
bei der *Drum*-Redaktion, dass wir gleich waren, Schwarze
und Weiße, und wenn auch in nichts anderem, so doch als
menschliche Wesen. Doch war das wohl dem zweiten Redakteur noch nicht zu Ohren gekommen.

»Herr Margolies«, hatte ich gesagt, »wenn es möglich ist,
möchte ich mich gern für heute Nachmittag vom Dienst ent-
schuldigen.«

»Warum wollen Sie freihaben?«, fragte Hank Margolies,
ganz geradeheraus und ganz Amerikaner.

»Montagnachmittag ist unser freier Tag, und ich bin schon anderweitig verabredet«, sagte ich. »Wenn man uns schon am Samstag gesagt hätte, dass wir heute arbeiten müssen, dann hätte ich mich nicht gebunden.«

»Was ist denn so wichtig, dass es sich nicht aufschieben lässt?«

»Ich helfe Lionel Rogosin beim Filmen.«

Hank Margolies lächelte wohlwollend, steckte sich die Zigarre in den Mund und biss mit den Zähnen darauf.

»Das verstehe ich nicht«, sagte er. »Was ist Ihnen wichtiger, Ihre Stelle oder Rogosins Film?«

»Hank«, sagte ich mit Betonung, »wir haben es erst heute Morgen erfahren. Und ich habe fest zugesagt.«

»Modisane«, sagte er, »zuerst einmal sind Sie der Zeitung verpflichtet. Dafür kriegen Sie Ihre Moneten. Sie sind mir ein schöner Journalist.« Und dann lachte er in seiner überheblichen Art.

»Briefumschläge aufschneiden kann doch nicht so wichtig sein«, sagte ich. »Einer mehr oder weniger macht da bestimmt nicht viel aus.«

»Hören Sie, Modisane«, sagte er und stieß mit dem Finger nach mir, »ich habe keine Lust, mich mit Ihnen herumzustreiten. Entweder Sie tun Ihre Arbeit, oder Sie nehmen Ihren Hut und gehen – ich streite mich nicht mit Ihnen herum.«

»Aber, Herr Margolies …«

»Ich habe keine Lust, mich mit Ihnen herumzustreiten, Modisane!« Seine Stimme dröhnte, er drehte mir den Rücken zu und ging wieder zu seinem Schreibtisch zurück.

Es war eine scheußliche Geschichte. Meine Kollegen waren betreten und auf meiner Seite, sie hofften insgeheim, ich würde es auf eine Kraftprobe ankommen lassen, die das zwiespältige Verhältnis zwischen den schwarzen Journalisten und der weißen Redaktion endgültig klären würde. Die Nach-

wuchsreporter waren erstaunt darüber, dass ein älterer Kolle-
ge wie ein Lehrling abgekanzelt wurde. Alle starrten mich an,
stumm und voller Erwartung einer dramatischen Zuspitzung.
Ich ließ mich auf meinen Stuhl fallen und versuchte, einen
Entschluss zu fassen. Nach ein paar Minuten hob ich den
Hörer ab und wählte Lionel Rogosins Nummer.

»Lionel? Hier Bloke«, sagte ich. »Hör zu, Lionel. Hier im
Büro ist etwas Wichtiges dazwischengekommen. Ich kann
heute Nachmittag nicht. Wie wäre es heute Abend? Ja? Bei dir,
um acht, in Ordnung. Tut mir leid, Lionel.«

In der Mittagspause kam keine Unterhaltung auf. Simon
Mogapi, der Sportredakteur, murmelte etwas wie: »Mit mir
wäre der so nicht umgesprungen.« Die meisten kauten stumm
vor sich hin. Zu vieles hing ungesagt in der Luft. Ich wollte
mein Verhalten nicht rechtfertigen, ich hatte mich ganz spon-
tan entschieden, denn ich hatte ja keine Frau mehr zu Hause,
mit der ich alles hätte durchsprechen können. Bevor wir in
die Redaktion zurückkehrten, gingen wir auf dem Dach des
Bürogebäudes einen trinken, und dann schnitten wir den
ganzen Nachmittag Umschläge auf und sahen Einsendungen
durch. Es war die Woche nach dem Juli-Handicap, Südafrikas
großem Pferderennen, und die *Golden City Post* setzte all-
jährlich Preise aus für die richtige Vorhersage der vier ersten
Pferde. Tausende von Einsendungen waren gekommen, und
das Öffnen der Umschläge, das Durchsehen und Ordnen der
Einsendungen dauerte bis sieben Uhr abends.

Lloyd, unser Laufbursche, machte die Runde und holte die
Unterschriften der Journalisten ein, die ihren freien Nachmittag geopfert hatten. Für jede Unterschrift gab es fünfzehn Shilling Extravergütung. Ich weigerte mich, zu unter-
schreiben.

»Sei vernünftig, Bra-Bloke«, sagte Lloyd, »das ist Geld.«

»Ich weiß«, sagte ich. »Aber ich habe diese Arbeit nicht für

Geld gemacht, es war meine Pflicht, und ich stifte das Geld der *Drum*-Redaktion.«

Dann war die Arbeit vorbei, die Zettel der Gewinner lagen sicher im Panzerschrank, der Abfall war weggeräumt, und ich saß hinter meinem Schreibtisch und tippte meinen Kündigungsbrief. Ich hatte eine Kündigungsfrist von einem Monat einzuhalten, aber da der Verlag mir noch drei Wochen Urlaub schuldete, betrachtete ich diese als einen Teil meiner restlichen Arbeitszeit und bat darum, sie davon abzuziehen. Ich ging noch eine Woche in die Redaktion und verließ dann das Büro als ein freier Mann. Den Chefredakteur Cecil Eprile, ein persönlicher Freund von mir, beunruhigten die Bemerkungen in meinem Brief über die Haltung der weißen Redaktionsmitglieder. Und ich war enttäuscht, dass Herr Margolies die Bedeutung dessen, was ich getan hatte, offenbar gar nicht begriff.

Möglicherweise war auch mir das ganze Ausmaß meines Schrittes nicht richtig bewusst geworden. Zunächst sah er aus wie eine unerlässliche Heldentat, doch als ich dann zwischen den Trümmern meines Elternhauses stand, kam es mir vor, als läge mit der leblosen Hülle mein ganzes Leben vor mir im Staub. Mir fiel eine Zeile von Omar Khayyam ein: »Ich kam wie Wasser, und ich zieh wie Wind.« Sophiatown und ich, man hatte uns beide zermalmt, und jeden von uns aus dem gleichen Grunde: weil wir dunkle Punkte waren.

Sophiatown musste sterben, nicht weil es eine soziale Bedrohung darstellte, sondern weil es ein politisches Hühnerauge im Stiefel der Apartheid war. Dr. Verwoerd, damals Minister für Verwaltung und Entwicklung der Bantu, verurteilte Sophiatown, weil es ein Elendsviertel war. Gewiss, es gab hier keine Parks, keine Spielplätze, keine Versammlungshallen, keine Bibliotheken; gewiss, es lebten hier viele Menschen in Verhältnissen, die man mit Recht als »erschütternd« bezeichnete: in durch Pappwände unterteilten Wellblechhütten; gewiss, es waren hier auf einem Raum von kaum fünfzehn mal dreißig Metern bis zu achtzig Menschen in Hinterhofbaracken zusammengepfercht. Doch gewiss war auch Moroka, in dem alle Familien unter Zeltplanen kampieren mussten, nichts als ein Elendsquartier, und dieses hatte die Regierung erst 1946 als Notlager angelegt und genehmigt.

Wäre es der Regierung wirklich darum gegangen, die Lebensbedingungen der Afrikaner zu verbessern, dann hätten die Elendsviertel Moroka, Edenvale und Eastem Township genauso behandelt werden müssen wie Sophiatown, das nur durch seine Übervölkerung zum Problem wurde; die Elendswohnungen von Sophiatown lagen immerhin in den Hinterhöfen richtiger Steinhäuser. Die Politiker aber brauchten politischen Wirbel, und die Soziologen und Spezialisten für zwischenrassische Beziehungen brachten ihre Schreibtischlösungen an: neue Stadtgebiete für die Afrikaner mit Erholungszentren, Grünflächen, Schulen, Bibliotheken und Spielplätzen. Armut stört das öffentliche Gewissen offenbar weniger, wenn sie in Modellsiedlungen versteckt wird.

Sophiatown gehörte mir. Wenn wir uns nicht die Hände schüttelten, zusammen soffen oder zusammen einem Mädchen nachstellten, dann stachen wir uns eben Messer in den Rücken. Jeder Quadratmeter Boden war mit Schweiß erkauft, mit Mühe und mit Entbehrungen. Sophiatown gehörte mir nicht nur, es war ein Stück von mir. Dieses Haus war mein gewesen, mochte der Regen durch das Dach triefen, mochte die Kälte durch die Risse der Decke und durch die klapprigen Fensterrahmen und die Ritzen der Tür kriechen.

Eingestandenermaßen war Sophiatown ein Elendsviertel, die Beseitigung von Elendsvierteln ist ein Programm, dessen Grundsätze jedermann anerkennt. Doch nur als der »dunkle Punkt«, der es war, wurde Sophiatown schließlich verwüstet.

Can Themba sagte dazu: »Ich habe es schon lange satt, mich über die Ungerechtigkeit, über die Rachsucht und die Gewalt-herrschaft aufzuregen, deren schreiendes Symbol das zer-schlagene Sophiatown ist.«

Volkswut
Can Themba

Auf Bahnsteig 2 stand die Menge dicht gedrängt und stürmte den Rand-fontein-Zug, der an allen Stationen hielt. Männer, Frauen und Kinder stießen wild um sich, um in den Zug zu gelangen. Sie stemmten und drängten; Ellenbogen in den Gesichtern, aufplatzende Bündel, Schwache eingequetscht. Sogar an der entgegengesetzten Seite balancierten die Menschen vorsichtig herum, um nicht vom Bahnsteig gestoßen zu werden. Da und dort untersuchten Langfinger unbeobachtete Taschen. Irgendwo schrie ein würdiger Mann mit schneidender Stimme und verfluchte niederträchtig jemandes Herkunft. Die Wagen wurden voller und voller. Mit einem Ruck bewegte sich der elektrische Zug aus der Station.

»Puhh!«, keuchte Linga Sakwe. Er stapelte seine paar Pakete auf seinem Schoß und drückte die Ellenbogen an seine Rocktaschen. Er hatte eigentlich nichts Wertvolles in diesen Taschen, es war nur seine alte Gewohnheit, die sich instinktiv meldete.

Linga war ein großer, schlanker Bursche, mehr Mann als Junge. Er war nicht besonders gut aussehend, aber er hatte die aufmerksamen Augen des jungen Studenten, der innerlich gegen irgendein Unrecht protestierte. Aber im Augenblick war er in Wirklichkeit gar kein Student. Er arbeitete für ein Rechtsanwaltsbüro in der Market Street. Er hoffte, in ein oder zwei Jahren genug Geld zu ersparen, um auf die Universität zurückkehren zu können und dort sein Examen zu machen, denn die Umstände hatten ihn gezwungen, sein Studium aufzugeben.

Die Leute drängten sich immer noch im Zug, aber Linga machte das nichts aus. Er wusste, dass bis Langlaagte oder vielleicht Westbury die meisten dieser Leute weg sein würden, dann würde er wieder atmen können. In Braamfontein stiegen viele Leute aus. Er dachte aber schon gar nicht mehr an seine unbequeme Lage, jetzt dachte er an Mapula. Sie hatte ihm versprochen, rechtzeitig zum Zug zu kommen. Das hing natürlich davon ab, ob sie die Oberschwester, die für den Krankensaal, in dem sie arbeitete, zuständig war, überreden konnte, sie ein paar Minuten früher wegzulassen.

Der Zug verlangsamte seine Geschwindigkeit. Industria. Linga blickte ängstlich hinaus. Ganz sicher, da war sie. Er ließ einen Wolfspfiff hören, so als bewunderte er ein Mädchen, das er nicht kannte. Sie eilte zu seinem Waggon, stieg ein und setzte sich neben ihn. Die beiden schienen sich nicht im Geringsten zu kennen. Ein alter Mann, nicht weit davon, gab in den wildesten Ausdrücken eine lebendige Schilderung der in Newclare begangenen Morde.

In Westbury war die Atmosphäre sehr gespannt. Alle drängten sich zu den Fenstern, um etwas zu sehen. Überall gab es schwer bewaffnete weiße Polizisten. Die Lage war »unter Kontrolle«, aber jeder wusste, dass siedende Wut fast jedes menschliche Wesen hier verzehrte, eine wilde, leidenschaftliche Wut, deren Wurzeln tief lagen. Keine flüchtigen Maßnahmen können hier helfen, keine oberflächliche Erklärung Klarheit bringen. Diese jovialen Gesichter, die sich ohne die geringste Warnung und bei der geringsten Herausforderung in Masken des Blutrauschs und der Zerstörung verwandeln können! Eine üble Technik wird bei diesen Aufständen getreulich befolgt. Die Leute stehen jeden Morgen ruhig auf und eilen geschäftig an ihre Arbeit. Jeden Abend kehren sie zu einem teuflischen Spiel zurück und ergeben sich willenlos verborgenen Orgien. Manchmal ebben die Ausschreitungen für Wochen oder Monate ab, um dann plötzlich an einem unerwarteten Platz, unter einem unerwarteten Vorwand wieder aufzuflammen.

Auch in Newclare schien, vom Zug aus gesehen, alles ruhig. Aber Linga und Mapula wussten, dass die trügerische Stille auch hier die gleiche Bedeutung hatte. Der Zug glitt leerer weiter. Erst nachdem sie Maraisburg passiert hatten, wagten die beiden, miteinander zu sprechen. Linga war Xhosa und Mapula Sotho. Ein Letebele und eine Russin! Sie mussten vorsichtig sein. Die Liebe, auf ihre geheimnisvolle Weise, hatte sie einander in die Arme geworfen, die Liebe, die so oft unter einem bösen Stern steht.

Linga sprach zuerst. »Bist du sicher, dass du niemanden gesehn hast, der dich vielleicht kennt?«, fragte er leise.

»Eh-eh«, entgegnete sie.

Sie spielte nervös mit dem Henkel ihrer Handtasche. Seine Hand streckte sich aus und umschloss ihre Finger. Gleichzeitig wandten sie sich einander zu, um sich anzusehn.

Ein verstehendes Mitgefühl trat in Lingas Augen. Er lächelte. »Ziemlich gespannt, was?«, sagte er.

Sie sah an ihm vorbei durchs Fenster.

»Witpoortje!«, rief sie aus. »Komm, gehen wir!«

Sie standen auf und gingen zur Tür. Der Zug blieb stehen, und sie stiegen aus. Sie gingen zusammen zu einer Brücke, gingen über die Geleise und durch ein kleines Gatter hinaus. Etwa zweihundert Yards gingen sie über flachen, stoppligen Boden. Dann gingen sie einen steilen Abhang hinunter, an dessen Fuß ein Flüsschen lief. Sie fanden einen schattigen Fleck und setzten sich auf das grüne Gras. Dann suchten sie plötzlich Zuflucht in den Armen des anderen, wie zwei verängstigte Kinder: das uralte Ritual, das immer neu ist wie der ewig wechselnde Himmel. Lang hielten sie einander fest, lang und schweigend. Nur der kleine Fluss gurgelte seine Dummheiten. Diese beiden mutigen Herzen waren tief ineinander verloren. Auch die Welt – gut, schlecht oder gleichgültig – war im strahlenden Verschmelzen ihrer Seelen, die sich trafen und mischten, vergessen.

Endlich sprach Mapula, und es war ein halbes Weinen: »O Linga, ich habe Angst.«

»Hier, wo die Welt so ruhig ist?«, zitierte er unendlich sanft. »Nein, Liebes, nichts kann uns hier erreichen, nichts kann uns verletzen.« Und dann mit einem Seufzer: »Aber das Grausamste ist doch, dass sie zwei junge Menschen dazu treiben, sich wie Schuldige davonzustehlen, nur damit sie einander sehn können. Was ist eigentlich mit unseren Leuten los, Mapula?«

Sie gab keine Antwort. Er lag da und dachte eine ganze Weile nach. Sie konnte sehen, dass er langsam zornig wurde. Manchmal wünschte sie, sie könnte seinen seltsam aufrührerischen Geist und die großartigen Schlussfolgerungen, mit denen er das Leben erklärte, begreifen. Meistens verging sie nur vor Sehnsucht nach seiner Liebe.

»Sie sehen es nicht! Sie sehen es nicht!«, wiederholte er leidenschaftlich. »Sie schlachten einander, und es scheint ihnen zu gefallen. Wo Brüderlichkeit und Liebe sein sollten, gibt es bittere Feindschaft. Wo Zusammenarbeit wegen gemeinsamer Missstände sein sollte, stehen feindliche Schranken; das Herz eines Bruders wird gegen das Unglück eines anderen eingetauscht. Manchmal, Mapula, verstehe ich es. Wir haben so viele unehrliche Führer gehabt, und unsere wahren Führer sind so oft von knieweichen Kollegen und lauen Anhängern im Stich gelassen worden, dass niemand seinen Kopf

zu weit hinausstrecken möchte. Wo ist der Mut, diese selbst-
mörderischen Unruhestifter zu einer Nation zusammenzu-
schweißen? Die Sache ist, dass nur sehr wenige von uns eine
klare und wirklich umfassende Vorstellung unserer Bestim-
mung haben! Ich glaube, Gott flüstert einigen von uns ins
Ohr! Unsere wahre Geschichte liegt vor uns, denn wir haben
noch zu bauen, zu schaffen, zu erreichen. Unsere Unterdrückung ist die Frucht der Umstände. Wenn nicht für die große
Endrunde der Geschichte, für was sollte uns Gott denn auf-
sparen? Verdammt! Und da stehen wir und bekriegen uns in
Gottes Vorzimmer, noch ehe der Vorhang aufgeht. Oh! –« Er
bedeckte sein Gesicht und fiel in ihren Schoß, unfähig, noch
mehr zu sagen.

Instinktiv spielte Mapula mit seinem Haar. »In Gottes Vorzimmer«, dachte sie. »Was bedeutet das?« Aber sein Schmerz
durchbohrte ihr Herz.

Sie versuchte, sich selbst zu vergessen, und suchte in ihrem
Innern nach einer Zärtlichkeit, das bittere Elend in seiner
Stimme zu dämpfen. »Linga, nein! Ich möchte dir stattdessen
etwas anderes zeigen – etwas, das ich verstehe. Es dauert nicht
mehr so lange, bis du und ich heiraten können. Ich träume von
dem Heim, das wir haben werden – ich – ich will unser Heim,
Linga. Du hast mich gelehrt, dass der größte Beitrag der Frau
zur Zivilisation bis jetzt gewesen ist, dass sie Wohnungen ein-
gerichtet hat, wo sich große Männer und große Ideen entwi-
ckeln konnten. Und dann ist da noch unser Problem. Komm,
wir denken lieber darüber nach, wie wir mit meinem Vater zu-
rechtkommen könnten. Nein, nein, nicht jetzt. Lass uns jetzt
an jetzt denken!«

Nun, da er sich dem Haus näherte, lief Thabo schneller. In seinem Kopfe wirbelte es, aber er wusste, dass er es seinem Vater
sagen musste. Das schiefe Tor war in der entferntesten Ecke,

daher sprang er geschickt über den Zaun – dort, wo er nie-
dergebrochen war. Vor der Tür blieb er unvermittelt stehen.
Das tat er immer, wenn Leute da waren. Aber nun waren diese
Leute, wie er bemerkte, seine zwei Onkel – Onkel Alpheus
und Onkel Frans. Er wusste, dass wichtige Neuigkeiten dem
Überbringer immer einen besonderen Nimbus verleihen.
Thabo fühlte sich im Augenblick fast wie ein Held, denn diese
zwei Männer waren bis zum Letzten entschlossene Partei-
gänger der »Russen«. Onkel Alpheus war ein romantischer
Feuerbrand. Onkel Frans war ein berechnender Charakter,
einer der sogenannten Drahtzieher hinter den Kulissen. Die
beiden ergänzten einander, zusammen bildeten sie ein furcht-
bares Gespann.

»Vater, wo ist er?«, zischte er schwer atmend. Die Erregung
in seiner Stimme ließ alle aufhorchen.

»Du heiliger Hirt! Was ist denn los, Junge?«, rief Onkel
Alpheus.

»Mapula, Mapula. Sie liebt einen Letebele!«

»Was!«, explodierte Onkel Alpheus. »Wo ist sie?« Und
dann etwas ruhiger: »Na komm, Junge. Erzähl uns alles etwas
ruhiger! Dein Vater ist draußen?«

»J-J-Jonas er-erzählt mir J-Jonas ist ein Junge, der mit mir
arbeitet – Jonas sagt mir, dass Mapula einen Letebele liebt. Sie
treffen sich immer im Spital, aber niemals im Aufenthalts-
raum. Er hofft, sie zu heiraten.«

»Niemals!«, bellte Alpheus. Und in dem Augenblick flog
die Tür auf. Eine Gruppe Männer trug die schlaffe Gestalt von
Thabos Vater herein. Er war nicht bei Bewusstsein, und sein
Gesicht war blutüberströmt. Hinter ihnen, knapp vor der Tür,
hatte sich eine Menschenmenge angesammelt. Alle fragten
zur gleichen Zeit, was denn geschehen sei. Als sich die Nachricht verbreitete, bemächtigte sich eine böse Stimmung der
Menge. Ra-Thabo wurde ins Schlafzimmer getragen, und die

Frauen bemühten sich um ihn. Alpheus und Frans kehrten in den Vorraum zurück und berieten.

»Was nun?«, fragte Alpheus Frans.

»Natürlich müssen wir ihn rächen. Du wirst zu den Leuten sprechen – zu den Frauen. Rede ihnen Feuer in den Leib. Verbinde das Ganze mit der Mapula-Sache, das wird sie erhitzen. Sprich von Drogen. Ein Letebele muss doch Drogen verwenden, stimmts? Ich bleibe im Hause. Sofort, wenn sie in Erregung geraten, werde ich Ra-Thabo hinaustragen lassen – zum Spital, weißt du. Mal sehen, ob wir sie nicht richtig böse machen können!« Er lächelte freudlos.

Draußen verdichtete sich die Menge, die vorwiegend aus Frauen bestand, immer mehr. Sogar auf den Straßen konnte man sie in Gruppen herankommen sehen, in Tücher gehüllte Männer und Frauen. Thabo und seine kleine Schwester Martha schlossen sich der Menge an. Es war klar, dass ihre Onkel etwas unternehmen würden.

Alpheus stieg auf die kleine Lehmmauer. Er hob seine linke Hand, und der Umhang hob sich mit ihr. Diese Bewegung war äußerst dramatisch. In ein paar Augenblicken bewegte sich die Menge näher heran und wurde still. Dann begann er zu sprechen. Er begann mit unbeteiligter, objektiver Stimme und erwähnte die nackte Tatsache, dass Ra-Thabo, ihr Führer, verletzt worden sei. Sich langsam erwärmend, sprach er über die Tugenden dieses Mannes. Dann fuhr er fort und erläuterte, wie es zugegangen sei, als dieser Mann verwundet wurde. Weder wirre Kampfhandlungen noch feige Brutalitäten hatten die Menschen vor Augen, als der Mann sprach, sondern das strahlende Bild von Kreuzrittern, die in heiliger Sache hinter ihrem löwenherzigen Führer vorwärtsstürmten. Oh, welch ein Zusammentreffen war dies. Die Matabele wurden hinter die Westbury Station getrieben. Hier trafen die Helden auf einen ausgeruhten, verstärkten Feind. Einen Augenblick lang sah man nichts als das Haupt Ra-Thabos, das in ihrer Mitte zu Boden sank. Schlachtlärm war zu hören; der wilde Angriff spiegelte sich in den Worten des Mannes, der nicht dort gewesen war. Die Basutos kämpften verzweifelt und gewannen so viel Boden, dass sie ihren beinahe verlorenen Führer retten und nach Hause tragen konnten. Was aber findet er dort? Alpheus' Stimme senkte sich, sie wurde leiser und schwerer, schlug pathetische Saiten an, erweckte tragische Gefühle, die die Herzen derer, die da in der Menge standen, nie vorher empfunden hatten. Eine unwillkürliche Bewegung ging durch die Menge, weil alle vorwärtsdrängten, um besser zu hören. In schrecklichem, entsetzengeschwängertem Flüsterton erzählte er von Ra-Thabos Tochter, die sich einem Letebele gegeben hatte. »Die Sache ist unmöglich!«, zischte er. »Es hätte nicht geschehen können, wenn das Mädchen nicht mit Drogen behext worden wäre. Werdet ihr das dulden?«, knirschte er. »Nein!«, brüllte es aus allen Kehlen. »Seid ihr bereit zur Rache?« – »Sofort!«, donnerte der Mob. Jemand in der Menge schrie: »*Mule!*« Dann stießen die Weiber ihren berühmten Kriegsschrei aus, der einem Fremden das Blut hätte gefrieren lassen, hier aber den letzten Zweifler in Raserei und Wut versetzte.

Ee!-le!-le!-le!-Ee!-le!-le!-le!

Eu! Eu! Eu!

Nun bäumten sie sich auf und schwangen hin und her in nicht wiederzugebenden Rhythmen. Ein besessener Barde in ihrer Mitte stammelte das Lob der Toten, der Lebenden und der Ungeborenen, und seine Worte hämmerten wie Teufelstrommeln.

»Lasst uns über Maraisburg gehen und sie von rückwärts überfallen!«, schrie Alpheus durch den Lärm.

In diesem Augenblick öffnete sich die Tür des Hauses. Der Mob, der dabei war, hinauszustürmen, hielt inne. Der

Anblick, der sich ihnen bot, betäubte sie. Frans und zwei andere Männer trugen Ra-Thabo, der mit Blut beschmiert war, hinaus. Thabo sah Onkel Alpheus springen, mit nachschleifendem Umhang, und hörte ihn gellend schreien: »Nach Maraisburg!« Nochmals sprang er, und diesmal über den Zaun auf die Straße. Der Mob folgte ihm knapp auf den Fersen.

Als der letzte Umhang um die Ecke gefegt war, wandte sich Frans wieder dem verletzten Mann zu. Die zwei Helfer waren auch dem unwiderstehlichen Sog des Mobs gefolgt. Lächelnd sagte Frans zu dem nichts hörenden Ra-Thabo: »Ich muss ein Taxi holen, um dich ins Krankenhaus zu bringen, Bruder.« Dann trug er ihn zurück ins Haus.

Am späten Nachmittag blieb der Zug aus Randfontein plötzlich in Maraisburg stehen. Jeder war überrascht. Irgendetwas musste nicht stimmen. Dieser Zug blieb doch nie in Maraisburg stehen. Dann plötzlich: »Alles umsteigen! Alles umsteigen!« Und barscher: »Los, *puma! Puma!*«

Linga und Mapula eilten hinaus. Die Nachricht hatte sich verbreitet, dass in Newclare wieder etwas los sei, und diesmal schien es ernster als sonst. Alle Züge aus Randfontein wurden hier angehalten und zurückgeschickt.

Linga zuckte mit den Schultern und führte Mapula weg. Arm in Arm schlenderten sie über den Bahnsteig, zum kleinen Türchen hinaus und in irgendeinen Vorort. Eine Weile gingen sie schweigend weiter. Dann sprach Mapula: »Ich hoffe, ich bin rechtzeitig zurück.«

»Dann gehen wir lieber ein bisschen schneller. Vielleicht nimmt uns jemand außerhalb des Vororts mit.« Sie wanderten hinaus ins offene Land. Linga wusste, dass er sofort die richtige Straße finden würde, wenn er nur einen bestimmten Golfplatz entdeckte. Inzwischen mussten sie über unebenes Gelände stolpern, und Mapulas Korkschuhe rieben ihre Zehen auf. Sie hinkte so stoisch, wie sie nur konnte, weiter. Linga bemerkte nicht, wie sie litt, denn er war immer auf der Suche nach markanten Punkten. Diese Bäume sahen denen auf dem Golfplatz verdächtig ähnlich.

Als sie zu den Bäumen kamen, sagte Mapula: »Linga, ruhen wir uns hier ein bisschen aus, meine Zehen tun weh.«

»Gut«, entgegnete er. »Aber ich muss die Straße suchen. Komm, suchen wir einen kühlen Platz, wo du dich ausruhen kannst, während ich den Golfplatz suche!«

»Hm.«

Er führte sie unter die Bäume. Sie setzte sich nieder und streifte ihre Schuhe ab. Als er vermeinte, einen Schimmer Verzweiflung über ihre Stirn huschen zu sehen, beugte er sich nieder, nahm ihre Hand und murmelte: »Gleich bin ich zurück, Süßes.« Langsam stand er auf, sah sie unentschlossen an, wandte sich langsam ab und ging weg.

Er brauchte nicht weit zu suchen, bis er eine zerrissene, ausgeblasste Fahne sah. Das Loch war gleich daneben. Plötzlich war er aus dem Gehölz heraus und kam zur Straße. Aber seine Aufmerksamkeit wurde von einer Horde »Russen« gefesselt; sie verfolgten eine Frau, die auf Linga zufloh. Sollte er es versuchen?, überlegte er. Er sprach fließend Sesotho und nahm an, er könne für einen Mosotho gehalten werden, vielleicht sogar für einen »Russen«. Schnell zog er ein weißes Taschentuch aus seiner Hosentasche und band es um seinen Kopf. Das machte ihn, wie er wusste, zu einem aktiven Verfechter der »russischen« Sache. Mit fliegenden Röcken kam die Frau an ihm vorbei. Sich dem Mob entgegenstellend, schrie er: »*Helele!*«

Aller Zorn war verraucht, und der Mob drängte sich aus reiner Neugier um ihn. Einige waren jetzt sogar zum Scherzen aufgelegt, jemand spielte fröhlich auf einer Mundharmonika.

Aber da und dort sah Linga tödliche Waffen, die beim hasti-
gen Auszug aus Newclare gepackt worden waren. Er sprach
mit ihnen in fließendem Sesotho und fragte, ob dies die Straße
nach Newclare sei. Er sagte, dass er in Roodepoort gearbeitet
habe und nach Newclare ginge, weil sein Onkel mehr Arbeits-
kräfte im Hause brauche. Ob sie ihm nicht bitte sagen würden,
wo die Straße ist?

»*Che!* Das ist kein Letebele, das ist ein Kind von zu Haus«,
bemerkte Alpheus.

»*Kgele!* Du sagst es, Mann«, sagte ein plumper Bursche.
Dann zeigten alle Linga, wie man nach Newclare gelangt.

Wie es das Verhängnis will, kam Mapula gerade in diesem
Augenblick, die Schuhe in der Hand, die Strümpfe um den
Hals geschlungen.

»Linga! Linga, mein Liebling! Was tun sie mit dir?«, schrie
sie, als sie sich ihren Weg durch die Menge bahnte. Linga er-
starrte. Als sie ihn erreichte, warf sie die Arme um ihn und
drängte sich mit aller Kraft an ihn, während sie in einem fort
weinte. Dann sah sie ihren Onkel, der starr wie alle andern dastand. Sie floh zu ihm und bat ihn, ihren Liebsten zu schonen.
Er stieß sie auf die Seite und schritt auf Linga zu, die Arme in
die Seite gestemmt.

»*Ehe!* So bist du also doch ein Letebele. Du lügst so schlau,
dass ich verstehen kann, warum meine Nichte glaubt, sie liebe dich.« Dann warf er sich herum, sein Umhang schleppte
im Bogen nach. »Freunde, wir brauchen nicht weiterzugehn.
Das ist der Hund, der meines Bruders Kind behext hat. Ver-
schwendet keine Zeit mit ihm. Reißt ihn in Stücke!« Der Mob
stürmte auf Linga zu: »*Mmate! Mmate!*«

»Onkel! Onkel!«, schrie Mapula. Doch während sie schrie,
wusste sie, dass es hoffnungslos war. Sie hatte die Verachtung
ihres Volkes auf sich gezogen, und sie wusste, dass all ihre
Bitten auf taube Ohren trafen. Ob es nun aus praktischen Er-

wägungen geschah, ob aus Aberglauben – was machte es aus? Man sah in ihr das Opfer von Lingas Zauberei.

Aus dem ineinander verkeilten Mob flog plötzlich eine Axt vor ihre Füße. Blitzartig wurde ihr ihr Schicksal klar. Unerträglich zuschanden gemachte Liebe trieb sie zu der furchtbaren Tat.

Mapula handelte. Schnell hob sie die Axt auf, während der Mob – einige Leute waren mit Blut bespritzt – von seiner Beute zurückwich. Mit der Axt in der Hand stemmte sie sich hindurch, bis sie die innere, kleinere Gruppe erreichte. Sie sah, wie Alpheus auf Lingas besudelten Körper spie. Er drehte sich mit einem gutturalen Röcheln in die fallende Axt; sie sank in seinen Hals, und er ging zu Boden. Mapula trat auf seine Brust und zog die Axt heraus. Blut sprang hervor, über ihr Gesicht und ihre Kleidung. Fürchterlich, wie sie anzusehen war, drehte sie sich langsam zu der erstarrten Menge, hob die Axt halb in die Höhe und ging langsam, aber drohend auf die größte Gruppe zu. Sie wichen zurück – hundertzwanzig Menschen wichen vor dieser vom Teufel besessenen Frau mit dem schauerlichen Aussehen zurück. Dann aber sah sie den zerfetzten Körper des Mannes, den sie liebte, und ihre Nerven gaben nach. Die Axt fiel ihr aus der Hand, und sie fiel nieder auf Lingas Leib und weinte jämmerlich: »*Jo-o! Jo-o! Jo-na-jo! Jo-na-jo!*«

Jemand kam und hob sie auf. Ein anderer zog Alpheus' blutenden Leichnam am Kragen weg, sodass seine Schuhe, einer nach dem andern, davonsprangen.

Die Menge ging nun heim. Alle prahlende Herausforderung war vorbei; sie waren still und verdrossen. Nur das tödliche Klagen Mapulas war da. Das Gefühl eines tiefen Unrechts füllte die Brust jedes Einzelnen, das Gefühl, ein Verbrechen begangen zu haben. Der Tumult im Herzen jedes Einzelnen, der nun wieder persönlich empfand, war ein menschlicher Protest, der beständig nach Ausdruck suchte. Und dann dieses unaufhörliche Klagen des gequälten Mädchens, das den innersten Kern selbst des rohesten Gewissens folterte. Die Männer sahen sich vor Gott, die Frauen hörten die Klagen vereitelter Liebe. Im Innern weinten sie alle bitterlich: *Jo-o! Jo-o! Jo-nana-jo!*

Nimm deinen Hut ab!
Wie heißt deine Heimat?
Wer ist dein Vater?
Wer ist dein Häuptling?
Wo zahlst du deine Steuern?
Aus welchem Flusse trinkst du?
Wir trauern um unser Land.

Der Park

James Matthews

Sehnsüchtig sah er auf die Kinder auf der anderen Seite des Zaunes; die Kinder glitten die Rutschbahn hinunter und landeten mit ausgestreckten Beinen auf dem weichen Rasen; sie schrien, wenn sie im hohen Schwung der Schaukel fast den Himmel berührten; sie kreischten fröhlich bei jeder Runde des Karussells. Er sah ihnen zu, und sein Körper zitterte und schmerzte vor Verlangen, ihre Freude zu teilen, seinen Hintern auf die Rutsche zu setzen und mit Händen und Füßen den Stahl zu berühren. Neben ihm, auf dem Boden, stand ein Bündel Wäsche, gewaschen und gebügelt und in ein Laken eingeschlagen.

Fünf kleine Jungen, die von zwei größeren verfolgt wurden, rannten vorbei und beachteten ihn nicht. Einer der beiden Größeren blieb stehen. »Was starrst du so, du brauner Affe?«, sagte der Junge und bückte sich, um einen Klumpen Lehm aufzuheben. Er erkannte ihn wieder. Der Junge war dabei gewesen, als sie ihn neulich aus dem Park warfen. Der Junge warf den Klumpen, der an der Eisenstange über seinem Kopf zersprang, und die Teile fielen ihm ins Gesicht.

Er spuckte den Lehm aus, der ihm an den Lippen klebte, seine Augen suchten nach einem Gegenstand, den er auf die Jungen auf der anderen Seite des Zauns werfen konnte. Andere Jungen gesellten sich zu dem vor ihm, und er bekam Angst vor ihnen.

Ohne ein Wort zu sagen, schüttelte er den Lehm von seinem Bündel, hob es auf die Schulter und ging weiter.

Während er davonging, erinnerte er sich an seinen letzten Besuch im Park. Ohne Zögern war er durch das Tor gegangen und auf die nächste Schaukel geklettert. Sogar jetzt noch konnte er den lustvollen Schauer spüren, der seinen ganzen Körper durchlief, als er sich höher und höher katapultierte, bis er fühlte, dass sich die Schaukel überschlagen würde, wenn er den äußersten Punkt erreichte. Fast gelassen hatte er die Schaukel ausschwingen lassen, wie ein Pendel, dessen Schwingungen kürzer wurden, und war dann zur Wippe gerannt. Ein weißer Junge seines Alters saß am anderen Ende. Wie ein Akkordeon falteten sich ihre Beine, um die Wippe aus dem Loch, das sie in den Rasen schlug, hochschnellen zu lassen. Eine Hand legte sich schwer auf seine Schulter, mitten im Hochschnellen. Er drehte sich um und sah in das Gesicht des Parkwächters.

»Komm runter!«

Die Haut zwischen seinen Augen spannte sich. Warum muss ich herunterkommen? Was habe ich getan? Er blieb oben, seine Hände umklammerten den eisernen Haltegriff der Wippe. Der weiße Junge sprang vom anderen Ende herab und stand da als unbeteiligter Zuschauer.

»Du musst herunterkommen!« Der Wärter sprach mit verhaltener Stimme, damit die Leute, die schon stehen blieben, es nicht hören konnten. »Die Stadtverwaltung hat angeordnet«, fuhr er fort, »dass wir Schwarzen nicht die gleichen Schaukeln wie die Weißen benutzen dürfen. Du musst die Schaukeln benutzen da, wo du wohnst.« Seine Stimme entschuldigte sich für die Uniform, die er trug und die ihm das Recht gab, darauf aufzupassen, dass kleine weiße Jungen und Mädchen sich beim Spielen nicht wehtaten.

»Da gibts keinen Park, wo ich wohne.« Er zeigte mit dem Finger in die Richtung eines Wohnblocks. »Da ist ein Park auf der anderen Seite der Stadt, aber ich weiß nicht, wo.« Er ging an ihnen allen vorbei. Den Müttern mit ihren Säuglingen, rosa und rülpsend, auf dem Arm, den Kindern, die auf dem Rasen herumtollten, seinem Spielkameraden von der Wippe, den Kindermädchen, die in ihrer Uniform als Zeichen ihrer Autorität Kinderwagen vor sich herschoben. Neben ihm ging der Parkwächter.

Der Parkwächter zeigte tadelnd auf ein Schild am Eingang. »Da. Lies selbst.« Das Schild sprach ihn selbst von aller Schuld frei.

Er mühte sich, die roten Buchstaben auf dem weißen Untergrund zu entziffern: »*Blankees alleen, Whites only*«. – Nur für Weiße. Er ging durch das Tor, hinter ihm quietschten die Schaukeln, die Wippe klapperte, und das Karussell rumpelte.

Immer wenn er die Wäsche ablieferte, kam er an dem Park vorbei, und seine Augen hingen sehnsüchtig an dem Schauspiel.

Er rückte das Bündel in eine bequemere Lage, um den Schmerz in seinen Schultermuskeln zu lindern. Was würde es schaden, wenn ich die Schaukel benutzen würde? Würde die Schaukel nicht mehr schaukeln? Würde die Rutschbahn zusammenbrechen? Das Bündel drückte sich tiefer ein, und der Schmerz breitete sich über beide Schultern aus, und er fand keine Antwort auf seine Fragen.

Der Park selbst mit seinen großen Rasenflächen und den Blumenbeeten, den Steingärten und den Zierbäumen bedeutete ihm gar nichts. Es waren die fröhlich rot und grün gestrichenen Stangen, die silbrigen Ketten und braunen Bretter, Fahrzeuge in ein Wunderland, die ihn faszinierten.

Nur ein einziges Mal, es war schon lange her und schien fast wie ein Zufall, hatte er etwas noch Besseres erlebt. Sein Vater hatte ihn auf den Rummelplatz mitgenommen, eines der wenigen Male, dass er überhaupt irgendwohin mitgenommen wurde. Er war gebannt gewesen vom Anblick der hölzernen Pferde mit ihren vergoldeten Zügeln und scharlachroten Sätteln, die sich im Takt der Musik auf und nieder bewegten, während sie sich im Kreise drehten.

Einen kurzen Augenblick lang saß er auf einem von ihnen, und er betete, dass es nie enden möge, aber der Augenblick dauerte nur so lange, wie er brauchte, um das Gebet zu flüstern. Dann stand er wieder da und klammerte sich an das Hosenbein seines Vaters und sah andere auf den schaukelnden Pferden.

Noch einmal verlagerte er das Bündel, dann war er an dem Haus angelangt, wo er die Wäsche ablieferte, die seine Mutter in einem runden Bottich voll kochenden Wassers gewaschen hatte, während der Dampf ihr Gesicht mit Schweiß bedeckte. Wenn sie dann sprach, war ihre Stimme so weich und anschmiegsam wie der Dampf, der sie einhüllte.

Er stieß das Tor auf und ging um das Haus herum und sah sich dabei nach dem alten Schoßhund um, der bei seinem Eintreten gewöhnlich herausstürmte, um asthmatisch um seine Füße herumzukeuchen und mit stumpfen Zähnen nach seinen Knöcheln zu schnappen. Ein afrikanisches Mädchen mit einem runden Gesicht, deren Schwärze durch die weiße, gestärkte Uniform, die sie trug, noch betont wurde, öffnete die Tür zur Küche, um ihn einzulassen. Sie räumte den Tisch ab, und er legte das Bündel darauf.

»Ich rufe Madam«, sagte sie, die Worte gedehnt und in hohem Ton, als hätte sie Schwierigkeiten, die Silben auf Englisch zu sprechen. Ihr Hintern wippte unter der engen Uniform, und ihre fettigen Waden glänzten.

»Hast du auch alles gebracht?«, war die Begrüßung jedes Mal, wenn er das Bündel brachte, und jedes Mal sah sie nach jedem Stück, und wie immer fehlte nichts. Er sah sie an und senkte die Stimme, als er sagte: »Alles da, *merrum.*«

Das Folgende war zur Routine zwischen den dreien geworden.

»Hast du schon etwas gegessen?«, fragte sie ihn.

Er schüttelte den Kopf.

»Nun, wir können dich nicht so gehen lassen.« Sie wandte sich an die Afrikanerin in der weißen, gestärkten Kleidung. »Was haben wir denn noch?«

Das Dienstmädchen öffnete die Tür des Eisschrankes und nahm einen Teller mit Essen heraus. Sie stellte ihn auf den Tisch und ein Glas Milch daneben. Die weiße Frau verließ die Küche, als er sich gesetzt hatte, und er war allein mit dem Dienstmädchen. Seine Unruhe ließ nach, und er konnte sich auf das konzentrieren, was auf dem Teller war: eine Handvoll Erbsen, ein Schlag Kartoffelsalat, eine in blutige Scheiben geschnittene Tomate, etwas geriebene Karotten, aber kein Reis.

»Weiße Leute sind komisch«, sagte er zu sich selbst. »Wie kann man hiervon satt werden? Es ist nicht so wie der Brei, den meine Mutter macht.«

Er spülte es mit Milch hinunter.

»Danke, Annie«, sagte er und schob das Glas zur Seite. Ihre Zähne leuchteten wie Porzellan, als sie lächelte. Er zappelte auf seinem Stuhl herum, voller Ungeduld, draußen zu sein und fort aus dieser Küche mit ihrem blanken Fliesenboden und Stahlschränken, die mit ihrem klinischen Weiß zu dem vollgestopften Kühlschrank passten.

»Wie ich sehe, bist du fertig.« Die Stimme ließ ihn zusammenzucken. Sie hielt ihm einen Umschlag hin, der eine Randnote enthielt – der Lohn für die allwöchentliche Schufterei seiner Mutter über dem Waschtrog. »Dies ist für dich.« Ein Fünfcentstück fiel in seine Hand, ein langer Fingernagel kratzte dabei durch seine Handfläche.

»Danke, *merrum*«, seine Stimme war kaum hörbar.

»Sag deiner Mutter, dass ich für ungefähr vier Wochen verreisen werde und sie es wissen lasse, wenn ich zurück bin.«

Dann war er entlassen, und ihre hohen Absätze klapperten aus der Küche. Er nickte dem afrikanischen Hausmädchen zu, die einen Apfel aus einer mit Obst überladenen Schüssel nahm und ihm gab. Er grinste zum Dank, und ihr Antwortlächeln ließ ihr Gesicht wie in Licht getauft erscheinen.

Er ging den Gartenweg entlang und nahm große Bissen von dem Apfel. Der Hund holte ihn ein, bevor er das Gartentor erreichte, sein heißer Atem wärmte ihm die Hacken. Er drehte sich um und stieß ihm die Zehen ins Gesicht. Er protestierte heiser bellend, mit einem Ausdruck der Empörung auf dem Gesicht. Er lachte fröhlich über diesen Gesichtsausdruck, der die Züge des Hundes wie die eines alten Mannes aussehen ließ.

»Mach das nicht noch einmal.« Er ließ seinen Fuß vor der Nase des Köters baumeln. Die Nase zog sich zurück, machte eine Kehrtwendung und watschelte mit leicht lädierter Würde davon.

Auf seinem Rückweg gab er in Gedanken seine fünf Cent aus. Ich kaufe für einen Penny Drops, von den sauren, die wie Limonen schmecken, für einen Penny Bullaugen, ein Päckchen Brausepulver mit dem Stück Lakritze vorne dran, und für einen Penny Sahnebonbons, die roten, die einem die Spucke wie Blut werden lassen.

Seine Drüsen wurden angeregt, und das Wasser lief ihm im Munde zusammen. Am erstbesten Laden hielt er an und ging hinein. Die Auslagen waren voll mit teuren Pralinen und Süßigkeiten, die er noch nie in den Bonbongläsern des Inderladens an der Ecke gesehen hatte. Er ging wieder hinaus, ohne etwas zu kaufen.

In der Nähe des Parks verlangsamte sich sein Schritt.

Die Kindermädchen mit ihren Säuglingen und Kinderwagen waren fort, ihre Plätze waren von alten Männern, die ihre Hände vor dem Bauch hielten und missbilligende Blicke auf das Durcheinander und den Lärm um sich herum warfen, eingenommen worden.

Ein Ball wurde gefährlich nahe zu einem alten Mann geschossen, und der Junge, der ihm nachrannte, blieb wie vom Blitz getroffen stehen, als der alte Mann ihm drohend seinen Stock entgegenhob.

Die anderen riefen dem Jungen zu, dass er den Ball holen solle. Er schob sich näher heran und griff nach dem Ball, während der alte Mann seinen Stock schwang. Der Stock verfehlte den Jungen um mehr als einen Fuß, und er stolzierte mit dem Ball unter dem Arm davon. Das Spiel ging weiter.

Er beobachtete sie von der anderen Seite des Zaunes – die Jungen, die Ball spielten, die Kinder, die auf dem Rasen umhertollten, auch die alten, senilen Männer auf den Bänken; aber vor allem die Kinder, die an dem ihren Spaß hatten, was ihm versagt war, und alles in ihm sehnte sich danach, zu ihnen zu gehören.

»Scheiß drauf!« Er sah sich um, ob ihn irgendjemand gehört hätte. »Scheiß drauf!«, sagte er lauter. »Scheiß drauf! Auf ihren Park, den Rasen, die Wippe, die Schaukel, alles! Scheiß drauf! Scheiß drauf!«

Seine kleinen Hände rüttelten an den hoch über seinen Kopf ragenden Zaunpfählen, ohne etwas ausrichten zu können.

Mit einem Mal fiel ihm ein, dass er den Park einen ganzen Monat lang nicht sehen würde, dass es keinen Grund für ihn gäbe, hier entlangzugehen.

Verzweiflung überkam ihn, er musste etwas tun, um seine Wut loszuwerden.

Eine Tüte mit Obstschalen lag oben auf einem Abfallkorb,

der an einem Pfahl befestigt war. Er griff danach und warf sie voller Zorn über den Zaun. Er rannte weg, ohne die Wirkung abzuwarten.

Drei Straßen weiter, außer Atem und mit Seitenstechen, verlangsamte er sein Tempo. Die Tat hatte keine Erleichterung gebracht, nur seine Sehnsucht verstärkt.

Er achtete nicht auf die Menschen, die ihm begegneten, und das Hupen der Fahrzeuge, deren Weg er gedankenlos kreuzte. Und als er einmal grob zur Seite gestoßen wurde, versuchte er nicht einmal, herauszufinden, wer es getan hatte.

Der vertraute Lärm und Geruch sagte ihm, dass er zu Hause war.

Der indische Laden vermochte nicht, ihn aus seiner Melancholie zu reißen, und er ging vorbei, ohne sein Fünfcentstück ausgegeben zu haben.

Ein paar Jungen spielten mit Reifen auf dem Bürgersteig. Einige von ihnen riefen ihn, aber er beachtete sie nicht und bog in eine kleine Seitenstraße ein.

Er stieg die Stufen zu einem zweistöckigen Haus hinauf, dessen Fassade vor langer Zeit einmal gestrichen gewesen sein musste, nun aber ein undefinierbares Grau angenommen hatte, worunter die roten Ziegel sichtbar wurden.

Hinter der Schwelle war der Raum halbdunkel. Mit einer Vertrautheit, die keiner Führung bedurfte, ging er an den wenigen Möbelstücken vorbei.

Seine Mutter stand in der Küche, gebeugt über einen Topf auf einem Petroleumofen. Er legte den Umschlag auf den Tisch. Sie tat den Löffel beiseite und steckte den Finger unter den Umschlagverschluss und riss ihn auf. Sie steckte die Randnote in eine Teekanne, deren Tülle abgebrochen war und die auf dem Regal stand.

»Bist du hungrig?«

Er nickte.

Sie goss ihm eine Tasse voll Suppe ein und legte eine dicke Schnitte dunkles Brot dazu.

Er nahm Bissen von dem Stück Brot und schlürfte die Suppe, die ihm den Hals verbrannte, und erzählte seiner Mutter zwischendurch, dass es diese Woche keine Wäsche geben würde.

»Warum? Was ist los? Was hab ich getan?«

»Nichts, *merrum* sagt, dass sie für 'n Monat verreist. Sie sagt dir Bescheid, wenn sie zurück ist.«

»Was mach ich denn jetzt?« Ihre Stimme wurde weinerlich, und ihre Augen schweiften zu der Teekanne mit dem Geld. »Warum sagt sie nicht vorher, dass sie fortgeht, dann hätte ich mir eine andere *merrum* gesucht!« Sie schwieg einen Moment. »Ich rackere mich ab, und mein Rücken hört gar nicht mehr auf, wehzutun, aber ihr ist es zu viel, mir Bescheid zu geben, dass sie fortgeht. Das Geld, das ich von ihr kriege, hilft uns, über die Runden zu kommen. Wie soll ich das Loch denn füllen?«

Er fragte sich, wie die Randnoten, die er brachte, ihnen halfen, über die Runden zu kommen. Ihre Mahlzeiten waren nicht abwechslungsreicher geworden dadurch. Es war, wie gewöhnlich, nie genug, und neue Kleider gabs immer nur zu Weihnachten.

»Ich muss die Beerdigung bezahlen, und ich wollte Mr Lemonsky beauftragen, Linoleum für das vordere Zimmer zu bringen. Ich mag dieses löchrige Linoleum nicht mehr sehen, aber das kann ich mir jetzt aus dem Kopf schlagen. Ohne Geld hat man so wenig Hoffnung wie Wein am Sonntag.«

Er beeilte sich mit dem Essen, um den Worten zu entkommen, die ihm entgegenschlugen, ehe sie sich in ihm festsetzten und ihn am Stuhl festnagelten, um Zeuge des Elends seiner Mutter zu werden.

Draußen spielten sie immer noch mit den Reifen. Halbherzig spielte er mit. Während er den Reifen vor sich herrollte, war er in Gedanken immer noch im Park auf den Schaukeln. Keiner hinderte ihn am Kommen, und er konnte tun, was ihm gefiel. Er war weit fort von den engen Straßen und den quäkenden Kindern und vorbeirasenden Autos. Er war dort, wo das Gras grünt und rote Stangen und silbriger Stahl sind. Der Reifen rollte an ihm vorbei. Er machte keine Anstalten, ihn zu greifen.

»Hol den Reifen.«

»Schläfst du?«

»Willst du nicht mehr spielen?«

Er ging davon und beachtete ihre Rufe nicht. Wut stieg in ihm hoch. Wut auf die Häuser mit den rissigen Wänden und zerbrochenen Fensterscheiben, hinter denen viel zu viele Menschen hausten; Wut auf die überfüllten Mülleimer vor den Türen; auf die Gassen und Straßen; und auf ein Gesetz, das er nicht verstehen konnte – ein Gesetz, das ihn aus dem Park verbannte.

Er brach in Tränen aus. Er wischte mit dem Arm über seine Wangen, um sein Weinen zurückzuhalten. Er senkte seine Hand, um den Jungen anzusehen, der vor ihm stand.

»Ich glaube, du heulst!«

»Wer sagt, dass ich heule? Ich hab was im Auge und hab gerieben.«

Er stieß ihn aus dem Weg und lief auf den Laden zu. »Heulsuse!«, rief der Junge spottend hinter ihm her.

Das einzige, vergitterte Ladenfenster war gestopft voll. Apfelsinen und Schreibpapier lagen durcheinander, und getrocknete Feigen waren auf Schultafeln verstreut. Kleidung und Geschirr fingen Staub. Durch das Fenster zog gemächlich eine Kakerlake, ihre Antennen wachsam vorgestreckt.

Das Innere des Ladens war genauso vollgestopft wie das

Fenster. Papiersäcke standen überall auf dem Boden und ließen nur einen schmalen Gang zum Ladentisch frei. Der Ladeninhaber, ein uralter Inder mit einem braunen Gesicht wie rissiges Leder, lehnte sich über den Ladentisch. »Ja, Junge?« Seine von Betel scharlachroten Zähne waren zu sehen. »Komm, Junge. Was willst du? Kannst nicht den ganzen Tag hier herumstehen.« Seine Kiefer bearbeiteten die Betelnuss, die seine verfärbten Zähne hielten.

Er verlangte Penny-Portionen seiner Auswahl.

Er brachte die Bonbons in seinen Taschen unter und warf die zerrissenen Tüten auf den Boden und ging hinaus. Der Inder murmelte böse etwas hinter ihm her, während seine Kiefer schneller arbeiteten.

Eine Seite der Straße lag im Schatten. Er setzte sich mit dem Rücken gegen eine Hauswand und genoss die letzten Sonnenstrahlen.

Bullauge, Pfefferminz, ein Stück Lakritze – alles zusammen als großer Klumpen in seiner Backe. Einen Augenblick lang war der Park vergessen.

Er sah uninteressiert auf das Mädchen, das sich näherte.

»Mama sagt, du sollst essen kommen.« Sie starrte auf seine unförmige Backe und rieb sich mit der einen Hand die Nase. »Gib her.« Er gab ihr ein Bullauge, das sie, unablässig ihre Nase reibend, in den Mund steckte.

»Putz dir den Rotz ab!«, befahl er ihr, Überlegenheit demonstrierend. Er ging an ihr vorbei. Sie folgte lutschend und schniefend.

Ihr Vater saß schon am Tisch, als sie in die Küche kamen.

»Muss ich denn immer jemand hinter dir herschicken?«, fragte seine Mutter.

Er schlüpfte auf seinen Platz und stand dann hastig wieder auf, um seine Hände zu waschen, ehe seine Mutter neuen Anlass fand, ihn zu bemängeln.

Das Abendessen war eine stille Angelegenheit, bis auf das Schaben des Löffels auf einem Teller und ein gelegentliches Schniefen seiner Schwester.

Ein Gedanke durchfuhr ihn kurz vor Ende der Mahlzeit. Der Löffel blieb mitten in der Bewegung stehen, und er war benommen von der Ungeheuerlichkeit seines Einfalls. Warum nicht nach Einbruch der Dunkelheit in den Park gehen? Nachdem sich seine Tore hinter den alten Männern, den Kindern und den Gouvernanten mit ihren Kinderwagen geschlossen hatten! Niemand würde da sein, um ihn aufzuhalten.

Er konnte an nichts anderes mehr denken. Der Gedanke daran ließ ihn beschwingt werden. Die Stimme seiner Mutter, die seinem Vater von ihrem Tag erzählte, war nicht wie beißender Dampf, sondern wie eine sanfte Brise, die an ihm vorüberzog und ihn ungestört ließ. Dann kamen ihm Zweifel. Er war noch nie nachts in diesem Teil der Stadt gewesen. Furcht legte sich wie eine Fessel um seine Brust und zog alles zusammen, sodass er kaum noch sein Essen herunterbekam. Er umklammerte fest seinen Löffel, und seine Knöchel traten unter der Haut hervor.

Ich tus! Sofort nach dem Essen werde ich zum Park gehen.

Nur mit Mühe konnte er sich beherrschen. Hastig verschlang er, was noch auf seinem Teller übrig war, und sah verstohlen um sich, wie weit die anderen waren. Beeilt euch! Beeilt euch!

Eilig räumte er den Tisch ab, sobald sein Vater seinen Teller fortschob, und begann mit dem Abwasch.

Jedes Stück Geschirr wurde an seine Schwester weitergegeben, deren Schniefen mit ihrer gemeinsamen Aktion Schritt hielt.

Als das Geschirr abgewaschen war, fegte er die Küche und trug den Abfalleimer hinaus.

»Kann ich spielen gehen, Mama?«

»Dass ich nicht wieder jemand nach dir schicken muss!«
Sein Vater blieb still, vergraben hinter seiner Zeitung.

»Bevor du gehst« – seine Mutter hielt ihn zurück –, »zünde
die Lampe an und häng sie in den Gang.«

Er füllte die Lampe mit Paraffin, drehte den Docht hoch
und zündete ihn an. Das Licht schimmerte schwach durch das
Glas.

Der Mond erschien ihm wie ein kalt leuchtender Ball; Licht
ohne Wärme und die Sterne abgebrochene Teile davon. Unter
den Straßenlampen waren Kartenspiele in vollem Gange. Er
roch den in der Nase prickelnden Geruch des *dagga,* als er
vorbeiging. Halbdunkle Eingänge konnten die Paare nicht
verbergen, die sich aneinanderdrängten.

Als er aus dem Viertel heraus war, fiel er in Trab. Er ver-
ringerte sein Tempo nicht, als er durch das Geschäftsviertel
mit seinen Wunderlandschaufenstern kam. Sein Mut sank,
als er sich dem Park näherte, und seine Schritte wurden
schleppend.

Vor ihm lag der Park mit seinem Tor und dem eisernen
Zaun. Hinter dem Zaun, an einem Pfahl, das Verbotsschild.
Dahinter konnte er die Schaukeln sehen. Der Anblick gab ihm
Mut. Er überquerte die Straße, sein Atem ging schneller. Es
war niemand zu sehen. Ein Auto kam um eine Ecke auf ihn zu,
und er fuhr zusammen, als er das Geräusch des Motors hörte. Das Auto sauste vorbei, sanft rauschend leckten die Reifen
den Asphalt.

Die Zaunstangen fühlten sich eiskalt an, und der Schock
ließ ihn schneller handeln. Er streckte die Arme aus und zog
sich mit affenähnlichen Bewegungen auf den Zaun, um sich
dann auf die frisch umgegrabene Erde fallen zu lassen.

Er zog seine Füße durch das taunasse Gras. Dann fing er
an zu laufen, und das nasse Gras knickte unter seinen blo-
ßen Füßen. Er rannte zu den Schaukeln, zum Karussell und

von der Wippe zur Rutschbahn und berührte das Metall mit den Händen. Die Stufen hinauf zur Spitze der Rutschbahn. Er stand da, ein klarer Umriss gegen den Himmel. Er war ein Vogel: ein Adler. Er warf sich auf den Bauch und schoss hinab. *Schschsch!* Er überschlug sich, als er unten auf dem Gras aufprallte. Einen Augenblick lang sah er zum Mond hinauf, rappelte sich dann wieder hoch und rannte zur Leiter der Rutschbahn, um das Gefühl des Fluges noch einmal zu erleben. Bei jedem Hinabgleiten wünschte er sich, dass die Reise niemals zu Ende sein möge, dass er immer weiter rutschen könnte, immer weiter, weiter.

Er ging langsam an der Wippe vorbei und begnügte sich damit, ihr auf der einen Seite einen Stoß zu versetzen, der sie aufs Gras knallen ließ.

»Scheiß drauf!«, brummte er, während er sich ins Zeug legte, um das Karussell in Gang zu bringen. Den Oberschenkel angespannt, das Bein gestreckt, schob er. Das Karussell setzte sich in Bewegung. Er steigerte seine Anstrengungen und sprang auf, ein Bein hielt er so, dass er damit Schwung holen konnte, wenn er langsamer wurde. Das Karussell schwankte. Um es in Gang zu halten, musste er es mehr anschieben, als er darauf fahren konnte. Um sich sein Vergnügen nicht zu verderben, sprang er ab und rannte zu den Schaukeln hinüber.

Mit ausgestreckten Beinen, die Hände um die silbernen Ketten geklammert, krümmte er seinen Körper, um Schwung zu gewinnen. Er machte sich klein wie ein Hundertmeterläufer, um ruckartig kerzengrade zu werden. Die Schaukel vergrößerte ihren Radius. Sie schwang höher und höher. Sie erreichte den Himmel. Er konnte den Mond berühren. Er pflückte einen Stern, um ihn sich an die Brust zu stecken. Die Erde lag tief unter ihm. Kein Vogel konnte so hoch fliegen wie er. Immer höher stieg er.

In der Bude am anderen Ende des Parks ging Licht an. Es

war als kleiner gelber Fleck auf dunklem Viereck sichtbar. Die Tür öffnete sich, und er sah eine Gestalt auf der Schwelle. Dann schloss sich die Tür, und die Gestalt bewegte sich auf ihn zu. Er wusste, dass es der Wärter war. Eine Taschenlampe blinkte auf, als ihr Lichtstrahl zu ihm herüberfiel.

Er schaukelte weiter.

Der Wärter blieb außer Reichweite der Schaukel vor ihm stehen und leuchtete mit der Taschenlampe. Das Licht traf ihn hoch oben in der Luft.

»Verdammt noch mal!«, fluchte der Wärter. »Ich hab dir doch gesagt, dass du nicht auf die Schaukel darfst.«

Das Klappern der Ketten beim Schwungholen war die einzige Antwort.

»Warum bist du wiedergekommen?«

»Die Schaukeln. Wegen der Schaukeln.«

Der Wärter vergegenwärtigte sich die Dinge, die ihnen wegen ihrer Hautfarbe verwehrt waren. Sogar sein Job hing von ihrem Wohlwollen ab.

»Verfluchte Weiße! Sie kriegen alles!«

All seine Gefühle drängten ihn, den Jungen in Ruhe zu lassen, aber die Angst, dass jemand sie beobachten könnte, machte ihn hart.

»Komm runter! Geh nach Hause!«, schrie er mit rauer Stimme, voller Wut auf das System, das ihn gegen seinesgleichen angehen ließ. »Wenn du nicht runterkommst, hole ich die Polizei. Du weißt ja, was die mit dir machen.«

Die Schaukel sauste hin und her.

Der Wärter drehte sich um und lief zum Tor.

»Mama, Mama.« Seine Lippen zitterten, er wünschte sich in die Geborgenheit der mütterlichen Küche, neben den leise knisternden Ofen und mit einem Comic auf den Knien. »Mama, Mama.« Seine Stimme wurde lauter, entrang sich seiner Kehle, hielt Schritt mit der rasenden Schaukel, die den

Himmel stürmte. Stimme und Schaukel. Schaukel und Stimme. Höher. Höher. Höher. Bis sie eins waren.

Am Eingang des Parks hing erdrückend groß das Verbotsschild und warf seinen langen Schatten auf ihn.

Meine Zeit auf Robben Island

Nelson Mandela

Die Kurve der Verbesserung verlief im Gefängnis nie stetig. Der Fortschritt verzögerte sich und war in der Regel von Rückschlägen unterbrochen. Manchmal dauerte es Jahre, bis ein Vorteil gewonnen war, der dann in einem Tag wieder zunichtegemacht wurde. Wir stemmten einen Felsblock den Berg hoch, nur damit er anschließend wieder hinunterrollte. Und doch besserten sich die Verhältnisse. Wir hatten eine Reihe kleiner Auseinandersetzungen gewonnen, und das führte insgesamt zu einer veränderten Atmosphäre auf der Insel. Zwar verwalteten wir die Insel nicht, aber die Behörden konnten sie ohne uns auch nicht verwalten, und in der Zeit, nachdem Van Rensburg, einer der am meisten gefürchteten Wärter, sie verlassen hatte, wurde unser Leben erträglicher.

In den ersten drei Jahren auf der Insel gab man uns allen lange Hosen. Im Jahr 1969 erhielt jeder seine eigene Gefängnisuniform – vorher hatten wir jede Woche eine andere Garnitur erhalten. Die neue Uniform passte, und wir durften sie selbst waschen. Am Wochenende erlaubte man uns, jederzeit in den Gefängnishof zu gehen. Bei der Verpflegung herrschte zwar noch keine Gleichberechtigung, aber gelegentlich bekamen auch die afrikanischen Gefangenen morgens Brot. Und da wir die Lebensmittel ohnehin gemeinsam benutzen durften, spielten die Unterschiede keine Rolle. Man hatte uns Brettspiele und Karten gegeben, mit denen wir uns samstags und sonntags oft die Zeit vertrieben. Im Steinbruch wurden Gespräche nur selten unterbunden. Wenn der kommandierende Offizier kam, warnten uns die diensthabenden Aufseher mit einer Trillerpfeife, damit wir die Werkzeuge in die Hand nehmen konnten. Die schlimmsten Wärter hatten wir kaltgestellt, und mit den vernünftigeren hatten wir uns angefreundet; die Behörden hatten das allerdings bemerkt und wechselten die Aufseher alle paar Monate aus.

Wir konnten uns praktisch immer treffen, wenn wir es wünschten. Die Zusammenkünfte des *High Organ,* allgemeine Mitgliederversammlungen und Treffen der Ulundi wurden in der Regel nicht unterbrochen, solange sie nicht zu verdächtig erschienen. Es schien, als ob nicht die Behörden, sondern die Insassen das Gefängnis leiteten.

Der Afrikander, streng und gottesfürchtig, nimmt seine Religion ernst. Das einzige unabänderliche Ereignis in unserem Wochenplan war der Gottesdienst am Sonntagmorgen. Ihn abzuhalten, war von den Behörden zwingend vorgeschrieben. Es war, als hielten sie ihre eigenen sterblichen Seelen für gefährdet, wenn sie uns nicht am Sonntag die Möglichkeit zum Beten gaben.

Jeden Sonntagmorgen predigte ein Geistlicher einer anderen Konfession. In der einen Woche war es ein anglikanischer Priester, in der nächsten ein Prediger der niederländisch-reformierten Kirche, dann ein methodistischer Pfarrer. Die Geistlichen wurden von der Gefängnisleitung ausgesucht, und die hatte nur eine Bedingung gestellt: Die Predigt durfte ausschließlich von religiösen Themen handeln. Bei allen Gottesdiensten waren Aufseher anwesend, und wenn ein Geistlicher von der Religion abschweifte, wurde er kein zweites Mal eingeladen.

In den ersten beiden Jahren auf der Insel durften wir unsere Zellen für den Sonntagsgottesdienst nicht verlassen. Der Geistliche predigte an der Stirnseite des Korridors. Im dritten Jahr wurden die Gottesdienste auf dem Hof abgehalten, und das fanden wir besser. In diesen Jahren war es sonntags die einzige Zeit, in der wir uns im Hof aufhalten durften, abgesehen von unserer halbstündigen Gymnastik. Von unseren Leuten waren nur wenige religiös, aber die langen Predigten machten niemandem etwas aus; wir genossen es, an der frischen Luft zu sein.

Nachdem die Gottesdienste draußen stattfanden, stellte man uns die Teilnahme frei. Manche Männer gingen nur zu Geistlichen ihrer eigenen Konfession. Ich selbst bin Methodist, aber ich nahm auch an den Gottesdiensten aller anderen Bekenntnisse teil.

Einer unserer ersten Prediger war ein anglikanischer Priester namens Pater Hughes, ein mürrischer, stämmiger Waliser, der im Zweiten Weltkrieg als Kaplan beim U-Boot-Korps gewesen war. Als er zum ersten Mal kam, störte es ihn, dass er auf dem Korridor predigen sollte, denn das schadete nach seiner Ansicht der Versenkung in Gott. Beim ersten Besuch predigte er nicht, sondern er zitierte mit seiner schönen Baritonstimme Winston Churchills Rundfunkansprachen aus dem Krieg: »Wir werden an den Stränden kämpfen, wir werden auf den Landebahnen kämpfen, wir werden auf den Feldern und Straßen kämpfen, wir werden zwischen den Hügeln kämpfen; niemals werden wir uns unterwerfen.«

Bald darauf sprach Pater Hughes auf dem Hof zu uns, und wir fanden seine Predigten glänzend. Er legte Wert darauf, in seine Worte unauffällig kleine Nachrichten einzubauen, und das wussten wir zu schätzen. So sagte er zum Beispiel, der Premierminister von Südafrika stelle wie der ägyptische Pharao eine Armee auf. Am Ende des Gottesdienstes ließ er immer Kirchenlieder ertönen, und nach meiner Überzeugung besuchte Pater Hughes uns nur deshalb so häufig, weil er uns gern singen hörte. Er brachte eine tragbare Orgel mit und spielte für uns. Außerdem lobte er unseren Gesang und sagte, es sei der einzige, der mit den Chören in seiner walisischen Heimat mithalten könne.

Der methodistische Geistliche war Reverend Jones, ein nervöser, schwermütiger Bursche, der im Kongo gewirkt hatte, während dort die Revolution stattfand. Was er dort erlebt hatte, schien der Grund seiner Melancholie zu sein. Immer wieder predigte er, wie wichtig die Versöhnung sei, und damit deutete er an, dass wir es waren, die sich mit den Weißen versöhnen sollten.

An einem Sonntag bemerkte ich während der einseitigen Rede des Geistlichen, wie Eddie Daniels unbehaglich von einem Bein auf das andere trat. Schließlich konnte er sich nicht mehr zurückhalten. »Sie predigen den falschen Leuten die Versöhnung«, rief Eddie aus. »Wir bemühen uns seit fünfundsiebzig Jahren um Versöhnung.« Das reichte dem Reverend Jones. Wir sahen ihn nie wieder.

Jones war nicht der einzige Geistliche, den Eddie hinausekelte. Einmal besuchte uns ein farbiger Prediger namens Bruder September. Eines Sonntags meldete sich der Häftling Hennie Ferris, ein überzeugender Redner, freiwillig als Vorbeter. Bruder September freute sich über so viel Frömmigkeit. Hennie begann, mit erhabenen Worten zu sprechen, und an einer Stelle bat er die Versammelten, die Augen zu schließen und zu beten. Dieser Aufforderung kamen alle nach, auch Bruder September. Daraufhin schlich Eddie auf Zehenspitzen nach vorn, öffnete Bruder Septembers Aktentasche und nahm die *Sunday Times* vom gleichen Tag heraus. Damals hatte niemand irgendeinen Verdacht, aber Bruder September brachte nie wieder Zeitungen.

Reverend Andre Scheffer war Geistlicher der niederländisch-reformierten Missionskirche in Afrika, einer Schwesterinstitution der niederländischen reformierten Kirche, der fast alle Afrikander angehörten. Die Missionskirche kümmerte sich ausschließlich um Afrikaner. Reverend Scheffer war ein bärbeißiger, konservativer Kerl, der gewöhnlich vor den allgemeinen Gefangenen predigte. Eines Sonntags kam er in unseren Block herüber, und wir fragten ihn, warum er bei uns keine Gottesdienste hielt. »Ihr haltet euch für Freiheitskämpfer«, erwiderte er geringschätzig. »Ihr müsst betrunken oder voller *dagga* gewesen sein, als man euch festgenommen hat. Freiheitskämpfer, so ein Quatsch!« Dennoch forderten wir ihn auf, bei uns zu predigen, und schließlich, Ende der Sechzigerjahre, erklärte er sich dazu bereit.

In einer Hinsicht war Reverend Scheffer unorthodox: Er ging die Religion wissenschaftlich an. Das fand ich sehr reizvoll. Viele Menschen bedienen sich der Wissenschaft, um die Religion bloßzustellen, aber Scheffer setzte sie ein, um seinen Glauben zu untermauern. Ich erinnere mich, wie er in einer Predigt von den drei Weisen aus dem Morgenland sprach, die sich von einem Stern nach Bethlehem leiten ließen. »Das ist nicht nur Aberglaube oder Mythos«, sagte er, und dann zitierte er astronomische Befunde, wonach es zu jener Zeit tatsächlich einen Kometen gab, der die in der Bibel beschriebene Bahn verfolgte.

Als Reverend Scheffer uns näher kennenlernte, wurde er freundlicher. Er hatte einen Sinn für trockenen Humor und machte sich gern über uns lustig. »Wisst ihr«, sagte er, »der weiße Mann hat in diesem Land eine schwierigere Aufgabe als der schwarze. Immer wenn es irgendwo ein Problem gibt, müssen wir eine Lösung finden. Wenn ihr Schwarzen ein Problem habt, habt ihr eine Entschuldigung. Ihr braucht nur ›*ingabilungu*‹ zu sagen.« Wir brachen in Gelächter aus, nicht nur wegen seiner unbeabsichtigt komischen Aussprache, sondern auch, weil wir den Gedanken lustig fanden. »*Ngabelungu*« ist ein Wort aus der Xhosa-Sprache und bedeutet »Die Weißen sind schuld«. Damit sagte er, dass wir die Weißen für alle unsere Schwierigkeiten verantwortlich machen konnten. Seine Botschaft lautete: Wir sollten auch vor unserer eigenen Tür kehren und die Verantwortung für unser Handeln übernehmen – eine Überzeugung, der ich aus vollem Herzen zustimmte.

Was der Sonntag für die übrige Woche war, das war Weihnachten für das übrige Jahr. Es war der Tag, an dem die Behörden den Leuten jeden denkbaren guten Willen zeigten. Am Weihnachtstag brauchten wir nicht in den Steinbruch zu gehen, und wir durften eine kleine Menge Süßigkeiten kaufen. Ein traditionelles Weihnachtsessen gab es nicht, aber zum Abendessen erhielten wir eine zusätzliche Tasse Kaffee.

Die Behörden gestatteten uns, ein Konzert zu organisieren, Wettkämpfe auszutragen und ein Theaterstück aufzuführen. Das Hauptereignis war das Konzert. Unser Chorleiter war Selby Ngendane vom PAC. Er hatte der Jugendliga des ANC angehört, bevor er zum Panafrikanischen Kongress gewechselt war. Selby hatte ein natürliches Unterhaltungstalent, eine angenehme Stimme und ein feines Gehör.

Selby suchte die Lieder aus, schrieb die harmonischen Arrangements, benannte die Solisten und leitete die Aufführung. Das Konzert fand am Weihnachtsmorgen auf dem Gefängnishof statt. Wir mischten traditionelle englische Weihnachtslieder mit afrikanischen Stücken und sangen auch ein paar

Protestsongs – die Behörden störten sich offenbar nicht daran, oder vielleicht bemerkten sie auch den Unterschied nicht. Die Aufseher waren unser Publikum, und sie freuten sich ebenso über unseren Gesang wie wir selbst.

Bevor Ngendane ins Gefängnis kam, galt er eigentlich als politisches Leichtgewicht, aber in der Haft zeigte er, was in ihm steckte. Als Gefangener hat man gern Leute mit sonnigem Gemüt um sich, und Selby war so einer.

Das Gefängnis war eine Art Feuerprobe für den Charakter eines Menschen. Manche Leute zeigen unter dem Druck des Eingesperrtseins echten Elan, bei anderen dagegen stellt sich heraus, dass sie weniger sind, als sie zu sein schienen.

Neben den Konzerten veranstalteten wir ein Schach- und ein Dameturnier, und wir spielten auch Scrabble und Bridge. An dem Damewettbewerb nahm ich jedes Jahr teil, und ein paar Mal gewann ich den ersten Preis, der meist aus einem Schokoladenriegel bestand. Ich hatte eine langsame, überlegte Spielweise mit vorsichtiger Taktik. Sorgfältig durchdachte ich alle denkbaren Folgen, und dabei verging zwischen den Zügen viel Zeit. Eigentlich widerstreben mir solche Analogien, aber ich bevorzuge diese Handlungsweise nicht nur beim Damespiel, sondern auch in der Politik.

Meine Gegner zogen meist schneller und verloren manchmal die Geduld mit meiner Spielweise. Einer meiner häufigsten Kontrahenten war Don Davis, der zur Einigungsbewegung der Nichteuropäer gehörte. Don war in der Gegend der Diamantenminen von Kimberley aufgewachsen und war ein rauer, furchtloser Bursche, der auch leicht in Rage geriet. Er spielte ausgezeichnet Dame, aber auf eine ganz andere Art als ich. Während des Spiels lief ihm der Schweiß vom Gesicht. Er war dabei angespannt und zappelig, und seine Züge machte er so schnell, als würde ein Geschwindigkeitspreis verliehen. Don und ich standen mehrmals im Finale des jährlichen Turniers.

Wegen einer Gewohnheit, die ich beim Damespielen hatte, nannte Don mich *Qhipu*. Ich erwog alle Möglichkeiten, und wenn ich am Zug war, rief ich »*Qhipu!*« – das bedeutet etwa »Jetzt schlage ich zu«; dann setzte ich den Stein. Don fand das frustrierend, und der Spitzname erwuchs eher aus Verwirrung denn aus Freundschaft.

Don und ich spielten in vielen Turnieren gegeneinander, und selbst wenn er gewann, kam er nach ein paar Minuten zurück, um mich zu einer weiteren Partie aufzufordern. Don wollte ständig Dame spielen und war erst zufrieden, wenn ich darauf einging. Schon bald verwendete ich auf das Spielen mit Don so viel Zeit, dass meine anderen Tätigkeiten zu kurz kamen. Als ich einmal bei meinen Studien eine Prüfung versäumte, fragten mich ein paar Kollegen nach dem Grund, und mit der Antwort »wegen Don Davis« erntete ich viel Gelächter.

Auch unsere Laientheatertruppe gab zu Weihnachten ihre Vorstellung. Meine Schauspielerkarriere hatte brachgelegen, seit ich in Fort Hare den John Wilkes Booth gespielt hatte, aber hier in Robben Island erlebte sie eine kleine Fortsetzung. Unsere Inszenierungen waren das, was man heute minimalistisch nennt: keine Bühne, kein Bühnenbild, keine Kostüme. Wir hatten nichts außer den Worten des Stückes.

Ich spielte nur in wenigen Aufführungen mit, aber ich hatte eine unvergessliche Rolle: die des Thebanerkönigs Kreon in der *Antigone* von Sophokles. Ich hatte im Gefängnis mehrere antike griechische Dramen gelesen und fand sie ungeheuer anregend. Charakter, so lautete für mich ihre Lehre, bemisst sich daran, wie man schwierigen Situationen entgegentritt, und ein Held ist jemand, der auch unter den unangenehms-

ten Umständen nicht zusammenbricht. Als die *Antigone* aus-
gewählt wurde, bot ich freiwillig meine Mitwirkung an, und
man gab mir die Rolle des Kreon, eines Königs in fortgeschrit-
tenem Alter, der um den Thron seines geliebten Stadtstaates
einen Bürgerkrieg ausficht. Zu Beginn des Stückes ist Kreon
ein ehrlicher Patriot, und in seinen ersten Monologen liegt
Weisheit: Nach seiner Überzeugung ist Erfahrung die Grund-
lage für eine Führungsrolle, und die Pflichterfüllung gegenüber dem Volk hat Vorrang vor der Treue zu einer Einzel-
person.

> *Unmöglich kann man eines Menschen Herz,*
> *Sein Denken und sein Wollen ganz erkennen,*
> *Eh' er in Staat und Ämtern sich erprobt.*

Aber Kreon ist gnadenlos zu seinen Feinden. Er hat die Anweisung gegeben, dem Leichnam von Antigones Bruder Poly-
neikes, der sich gegen die Stadt aufgelehnt hat, ein ordnungs-
gemäßes Begräbnis zu verweigern. Antigone widersetzt sich,
weil es ein höheres Gesetz als das des Staates gibt. Kreon hört
nicht auf sie und auch auf niemand anderen, sondern folgt
nur den Dämonen in seinem Inneren. Seine verbohrte Ein-
stellung und seine Blindheit machen ihn zu einem schlechten
Herrscher, denn ein Herrscher muss die Gerechtigkeit durch
Gnade mildern. Antigone war das Symbol für unseren Kampf;
sie war auf ihre Art eine Freiheitskämpferin, denn sie lehnte
sich gegen das Gesetz auf, weil es ungerecht war.

Auf Patrouille mit Constable T.

Jonny Steinberg

Mitte 2007 war ich eine Woche lang mit Constable T. unterwegs. Er ist achtundzwanzig Jahre alt, seit zwei-einhalb Jahren Polizist, und er ist bereits Abschnitts-leiter in einem gro-ßen Township in Johannesburgs East Rand. In seinem Abschnitt leben etwa siebzigtausend Menschen. In dem Gebiet gibt es Blocks mit ordentlichen kleinen Häusern, in denen die Familien der vierten Generation leben, daneben die *Shack*-Siedlungen, von Simbabwern, Mosambikanern und einem Gemisch von kürzlich urbanisierten Südafrikanern bewohnt, und dann gibt es noch ein Arbeiterwohnheim.

T. wuchs in einem der ehemaligen Homelands auf, ei-nem aus verstreuten Teilen bestehenden Gebiet ganz im Nor-den Südafrikas. Als Erstgeborener von sieben Kindern einer alleinerziehenden Mutter erfuhr er so gut wie alle anderen in seiner Umgebung, was Armut ist. Das Einkommen der Fami-lie bestand hauptsächlich aus dem Lohn der Mutter; sie ar-beitete als Hausmädchen für eine weiße Familie in einer die-ser gottverlassenen ländlichen Kleinstädte, wo Hausmädchen und Gärtner so gut wie nichts verdienen.

In einer sehr großen, armen Familie ist es nicht ungewöhn-lich, dass der Alleinverdienende auf eines der Kinder setzt, wie ein Spieler auf ein Pferd. Das Geld reicht gerade, um einem Kind eine ordentliche Ausbildung zu finanzieren, und die Mutter entscheidet schon früh, welches ihrer Kinder es sein soll. In diesem Fall war Constable T. das Pferd, auf das seine Mutter setzte.

Aber mit den Hoffnungen gehen auch eine Menge Verpflichtungen einher. Damit die Kinder eine gute Schule besuchen können, muss man ein Haus in einem der Suburbs kaufen. Aber es gibt keine Bargeldreserve und auch sonst kein Vermögen, und so wird das Haus komplett über Kredite finanziert. Die alle Vierteljahre fälligen Entscheidungen des Gouverneurs der Zentralbank über die Zinssätze, die früher so wenig Bedeutung für einen hatten, dass man sie kaum wahrnahm – diese Entscheidungen können nun über Nacht dazu führen, dass einem das eng kalkulierte Monatsbudget zusammenbricht.

Dann geht es um die Wahl der Schule; die guten kosten Geld. Hinzu kommen die Ausgaben für eine private Krankenversicherung, für in den Suburbs lebende Familien inzwischen fast zwingend. Man kommt auch nicht ohne Auto aus in einer Zeit, in der jedes Familienmitglied täglich quer durch die ausufernden Suburbs pendeln muss, und auch das muss auf Kredit gekauft werden. Und wenn die Kinder die Schule abgeschlossen haben, müssen sie selbstverständlich genug Geld haben, um die Universität besuchen zu können.

Constable T. hat eine Frau und eine vier Jahre alte Tochter. Sie lebt noch in dem Township, aber er hat für vierhunderttausend Rand ein Haus in einer Vorstadt gekauft, die fünfundzwanzig Kilometer entfernt ist. Zwanzigtausend Rand hat er als Anzahlung geleistet, das Haus gehört damit fast gänzlich der Bank. In zwei Jahren wird die Tochter in einer respektablen Schule im Suburb angemeldet werden. Die ist nicht billig. Constable T. verdient etwa achtzigtausend Rand im Jahr. Seine Frau trägt weitere fünfzigtausend Rand zum Familien-

einkommen bei. Ihre gesamten monatlichen Verpflichtungen – die Raten und Steuern, die Rechnungen für Wasser und
Strom, das Schulgeld für die Tochter sowie die Kosten des Fa-
milienautos – summieren sich auf etwa zwei Drittel ihres gemeinsamen Monatsverdienstes.

Aber Constable T. hat noch eine Familie oben im Norden.
Seine Mutter hat es nicht offen angesprochen, aber er spürt,
dass sie auf den Tag wartet, an dem er ihr sagt, dass sie die Arbeit als Hausangestellte aufgeben kann, dass er für sie sorgen
werde, ebenso wie für die sechs jüngeren Geschwister. Vier
davon haben die Schule abgeschlossen, sind aber alle arbeits-
los. Sie wissen, dass er dabei ist, in ein Haus in den Suburbs zu
ziehen, etwas, das ihre Vorstellungskraft übersteigt. Dass er sie
unterstützen werde, ist so selbstverständlich, dass über diese
Erwartung nicht einmal gesprochen wird.

»Nur ihr Weißen seid in der glücklichen Lage, dass ihr das
Geld, das ihr verdient, für euch behalten könnt«, bemerkt
Constable T. schmallippig. »Dein Geld zusammenhalten
kannst du nur, wenn du aus einer Familie mit Geld kommst –
nicht, wenn du aus einer armen kommst.«

Ein Job für achtzigtausend Rand im Jahr ist keine Eintritts-
karte in die Mittelklasse. Wenn man aber in den Polizeidienst
eintritt, ist die Erwartung, dass man in eine Vorstadtexistenz
eintaucht, riesig. Eigentlich ist sie mehr als riesig, es ist mehr
als einfach nur eine Erwartung: Man kann sich ihr nicht wi-
dersetzen. Sie scheint zum Job zu gehören wie Dienstpistole
und Uniform.

Diese Geschichte von der eigentlich »unmöglichen Reise«
in die Suburbs gehört zum Kern der heutigen Township-Exis-
tenz eines jungen Polizisten.

Wenn ein Township-Bewohner auf der Straße einem Cop
begegnet, kann er mit ziemlicher Sicherheit davon ausgehen,

dass der vor Kurzem in die Suburbs gezogen ist, dass er sich das Leben dort nicht leisten kann, und dass er seinen Polizeiausweis nutzen muss, um nebenher Geld zu machen. Man geht davon aus, dass er ein »Blutsauger«, dass er bestechlich ist. Das entspricht seiner Position, gehört einfach zu ihm.

Auf dem Rücksitz des Streifenwagens sitzt ein Zivilist mittleren Alters. Sein Name ist Bra Jack, er ist Vorsitzender des mit Polizei und Zivilisten besetzten Forums zur Kriminalitätsbekämpfung in Constable T.s Abschnitt. »Der Constable hat drei Optionen«, sagt Bra Jack, »er kann ein Geschäft aufmachen, er kann *cho-cho* machen oder sich einen besser bezahlten Job suchen.«

»*Cho-cho*« ist Township-Slang für Bestechungsgeld: zum Beispiel für einen Verkehrspolizisten, der einen Hunderter in die Tasche steckt und dafür darüber hinwegsieht, dass deinem Auto die Zulassung fehlt, oder für einen Kriminalbeamten, der ein Bündel Geldscheine annimmt, um deinen Fall auch wirklich energisch zu bearbeiten.

»Ich werde es vielleicht im Taxigeschäft versuchen«, sagt Constable T. »Wenn Fahrer, Kraftstoff und Wartungskosten bezahlt sind, bleiben am Monatsende ungefähr fünftausend Rand Reingewinn.«

»Er wird es auf den Namen seiner Frau laufen lassen müssen«, bemerkt Bra Jack, »andernfalls würde ihn die Polizei feuern.«

»Wie willst du das nötige Startkapital aufbringen?«, frage ich.

»Das ist das Problem«, antwortet er und zuckt resigniert die Schultern.

»Ein anständiger Minibus wird wie viel kosten …«, denke ich laut weiter, »achtzigtausend Rand? Das bedeutet fünfzehn Monatsgewinne allein für die Abzahlung des Wagens.«

Wir fahren eine Weile schweigend weiter.

»Er wird Kapital zu sehr günstigen Bedingungen auftreiben können«, bemerkt Bra Jack von hinten. »Er hat Glück, in seinem Abschnitt gibt es einen großen Taxistand.«

Ich streife Constable T. mit einem Blick. Der starrt stur geradeaus. Ich habe verstanden, worauf Bra Jack gerade angespielt hat, aber es ist irgendwie unbefriedigend, dass man es nur verpackt in der Form einer heiklen Anspielung zu hören bekommt. Wenn man es auf diese Weise ausdrückt, ist es nicht fassbar, als ob es sich in Luft auflösen könnte. Aber was gemeint war, ist ganz klar.

T. hat Glück, in seinem Abschnitt gibt es einen großen Taxistand, denn das bedeutet: Den wohlhabenden Taxibesitzern, die in diesem lokalen Wirtschaftszweig investiert sind, wird es sehr gefallen, wenn der verantwortliche Abschnittspolizist bis über die Ohren bei ihnen in der Kreide steht. Falls Constable T. dort herumzufragen beginnt, wird es nicht an Leuten mangeln, die bereit sind, ihm beim Kauf eines Taxis behilflich zu sein. Das ist es, was Bra Jack eigentlich gesagt hat.

Constable T. wird in den Suburb ziehen, und er wird tun, was er tun muss, um dort auch zu bleiben. Das ist einfach ein *fait accompli*. Und das bedeutet, dass er entweder seinen Beruf oder seine Integrität als Polizist aufgeben muss. Er muss also entweder einen besser bezahlten Job finden oder finanzielle Hilfe von Interessengruppen in seinem Zuständigkeitsbereich annehmen. Oder er muss »*cho-cho* machen«, wie sich Bra Jack ausdrückte: Er muss sich bestechen lassen, wo immer möglich.

Bra Jack hat eine scharfe Zunge; als Älterem kommt ihm das Recht zu, den Jüngeren mit einem Schuss Sarkasmus zu behandeln. Was mir auffällt, ist seine Resignation. Dass er mit uns im Auto sitzt, ist zweifellos ein Zeichen seines Pflichtgefühls; mit dem Vorsitz im Forum zur Verbrechensbekämpfung leistet er seinen Beitrag zur Unterstützung sei-

ner Wohngegend. Dass der Polizeibeamte, mit dem er zusam-
menarbeiten muss, Geschäfte machen oder *cho-cho* betreiben
wird, damit hat er sich leicht gereizt abgefunden. Constable T.,
scheint er zu sagen, ist guter Durchschnitt.

Aus meinem Blickwinkel sind die Kräfte, die zusammen-
wirken, um aus Constable T. einen Polizisten zu machen, der
nicht mehr rechtschaffen ist, stärker als er. Diesem jungen
Mann verleiht seine Uniform in den Augen der Zivilperso-
nen in seinem Abschnitt nur eine höchst brüchige, wenig
überzeugende Autorität. Als Abschnittsleiter in dieser Umgebung muss er einen *modus vivendi* mit Leuten suchen, die
weit mächtiger und durchsetzungsfähiger sind als er. Wie er
selbst einräumt, müsste er untertauchen, wenn er jemanden
verhaftet.

Schwerer wiegt, dass er über seine Verhältnisse lebt, seine
Kosten nicht von seinem Gehalt bestreiten kann; und obwohl
nicht jeder, der mit ihm bekannt ist, über die Details Bescheid
wissen wird, werden es wahrscheinlich alle als gegeben annehmen, dass er verschuldet ist.

Es ist in seinem jungen Gesicht zu lesen, seinem Akzent,
seiner Unsicherheit im Auftreten; in der Tatsache, dass er ein
Junge aus den Homelands ist, der das Glück hatte, ein Polizist geworden zu sein. Insofern ist er eine Mitleid heischende
Figur, die Schwäche und Bedürftigkeit ausstrahlt, und diese
Kombination ist ziemlich tödlich. Man erwartet, dass er die
ihm hingeworfenen Brosamen annimmt, und dass er es im
Gegenzug dafür mit seinem Beruf nicht so genau nimmt, mit
seinem Job als Polizist.

Ein paar Tage später sitzt Bra Jack wieder bei uns hinten im
Wagen. Lange Zeit fahren wir schweigend, dann platzt es aus
Constable T. heraus: »Ich werde niemals wieder in meinem
Leben den ANC wählen«, beginnt er. »Die sind korrupt von
Kopf bis Fuß. Bei der nächsten Wahl werde ich meine Stimme

der DA geben.« Ich lache. Bra Jack schnaubt. »Du denkst, die Weißen sind immun gegen Korruption?«, knurrt er wütend. »Nein, die stellen sich bei der Korruption nur geschickter an. Schwarze verlangen eine Million Rand, und die wollen sie sofort, und sie denken, sie könnten sie einstecken, und niemand bekommt etwas mit. Das ist schwachsinnig. Natürlich wird man geschnappt werden. Und wenn man sie gefasst hat, heulen sie wie die Babys.«

»Und die Weißen?«

»Die haben Geduld. Die warten ab. Diese Art Geschäfte fädeln sie hinter den Kulissen ein, für die Öffentlichkeit sieht alles sehr professionell aus. *Business as usual.* Aber wenn sie sich zur Ruhe setzen: Hoppla! Dann entdeckt man, dass sie stinkreich geworden sind.«

Bra Jack und ich schweigen noch immer.

»Seht euch an, wie die Cops heute behandelt werden, und vergleicht das mit der Situation in der alten Zeit«, fährt Constable T. schließlich fort, als sei es ganz natürlich, dass das Gespräch bei diesem Thema angekommen ist. »Die Leute hatten Angst vor den weißen Cops. Man sah sie vorbeifahren und bekam weiche Knie, und man dankte Gott, wenn sie weiterfuhren und nicht anhielten. Und wir? Die Leute beschimpfen uns. Die behandeln uns wie Dreck. Aber ich will nicht, dass man mich mein Leben lang Tag für Tag so behandelt. Ich will, dass die Kriminellen Angst vor mir haben, dass sie weiche Knie bekommen, wenn sie mich kommen hören.«

»Du bist ein verdammter Narr«, erwidert Bra Jack ruhig. »Die Cops, von denen du da redest, die wurden ebenso gehasst wie gefürchtet. Wenn die sich mal umdrehten, hatten sie schnell von irgendjemandem ein Messer im Rücken. Ist es das, was du willst: dass dich die Menschen fürchten und am Ende umbringen?«

»Bra Jack«, klagt Constable T., »du hörst mir nicht zu. Ich

will nicht, dass man mich hasst. Ich will, dass man mir Respekt entgegenbringt.«

Zusammen mit Abertausenden von jungen schwarzen Männern und Frauen setzt Constable T. nach Einzug der Demokratie alle Hoffnungen darauf; in diese weiße Zitadelle der Vorstadtexistenz einzudringen und dort sein Leben zu verbringen. Auf dem Weg dorthin geht es nicht ohne Schrammen und heikle Zugeständnisse ab, es ist ein schwieriger Weg. Aber das war schon immer das Los jeder ersten Generation aufstrebender Kleinbürger überall auf der Welt.

Constable T. fühlt sich herumgestoßen und gedemütigt. Er beobachtet die weißen Politiker und Polizisten, und was er wahrnimmt, ist Gelassenheit: Gelassenheit, die sich einstellt, wenn man das alles schon einmal gemacht hat, wenn man in der Zitadelle geboren wurde. Und er wünscht sich aus tiefster Seele, dass er, wie die Weißen, schon dort angekommen wäre. Aber er fragt sich, ob es überhaupt möglich ist, dort hinzukommen, wenn man nicht von Anfang an schon dort ist. Aus seiner Sicht ist er gefangen in einem entscheidenden Paradoxon: Der Weg in die Ehrbarkeit ist so furchtbar besudelt von Ehrlosigkeit.

Schock

Sarah Lotz

»Madam, im Esszimmer muss was Totes rumliegen.«

»Um Himmels willen, Maya. Siehst du nicht, dass ich zu tun habe?«

Streitlustig verschränkt Maya die Arme vor der Brust und verzieht das Gesicht zu einer ihrer Mit-mir-nicht-Masken, ich hab heute Morgen keine Zeit für ihren *kak*. Zehn vor acht, und ich hab noch nicht mal mit den Eiern angefangen. Die Scheiben Frühstücksspeck tauen unter heißem Leitungswasser auf, aber es sieht so aus, als müssten sie als gefrorener Klumpen in die Pfanne. Na ja, was die Gäste nicht wissen, wird sie auch nicht umbringen (hoffentlich).

»Ehrlich, Madam. Sie sollten mal kommen. Der Gestank da drin, der ist echt schlimm.«

»Ich komme ja schon.«

Ich schmeiße den eisigen Klumpen in die Pfanne und lege ihn aus der Küche ins Esszimmer hinüber. Dank dreißig Jahren aufopferungsvollen Rauchens rieche ich heute kaum noch irgendwas, kriege aber einen Hauch in die Nase, der mich an die Zeit erinnert, als der Gefrierschrank den Geist aufgab und zwei Kilo Schmorfleisch auftauten und verwestes Blut über die ganzen Kabel tropfte.

»Was meinen Sie, Madam, was das ist?« Maya wischt sich die Hände am Rock trocken und genießt offensichtlich die Gelegenheit, sich wie eine Theaterdiva aufzuführen.

»Woher soll ich das wissen?«

Ich lasse mich vorsichtig auf Hände und Knie nieder und sehe prüfend unter die Tische, falls irgendwo ein toter Nager herumliegt, aber außer ein bisschen Krimskrams von der Fußballweltmeisterschaft und einer auf dem Rücken liegenden Kakerlake, die unter der Anrichte hilflos mit den Beinen strampelt, ist der Fußboden leer.

»Wahrscheinlich ist es wieder nur die Kanalisation, Maya«, sage ich. »Deck weiter die Tische ein.«

»Aber Madam, die Gäste! Das wird sie krank machen.«

»Dann versprüh doch Air Freshener im Raum! Ich hab dafür keine Zeit!«

Man sieht mich finster an und schlurft, die Slipper absichtlich über den Belag schleifend, hinaus zum Schrank mit den Putzmitteln.

Was es nicht besser macht, ist, dass der Tag für den Juni schon unnatürlich warm ist, die Sonne auf das Blechdach knallt, die Staubmäuse in der Luft zum Tanzen bringt und die Schlieren an den Fenstern sichtbar werden lässt, wo Maya das Reinigungsspray schlampig abgewischt hat. Ich verabscheue Sonnentage. Das strahlende Licht betont die abgewetzten Stellen im fadenscheinigen Teppich und die Schrammen an den kitschigen Möbeln.

Ich ignoriere Mayas übertriebenes Stöhnen und eile in die Küche zurück, gerade noch rechtzeitig, um den Frühstücksspeck davor zu retten, in seinem geschmolzenen Eiswasser zu zerkochen.

Bert, der Brite, kommt als Erster runter, toll ausstaffiert in dem beigefarbenen Anorak und dem ausgeleierten Tottenham-Hotspurs-T-Shirt, das er immer trägt. Jedes Mal, wenn ich ihn sehe, möchte ich ihm am liebsten das Bügeleisen in die Hand drücken. Was er auch anhat, es ist zerknittert, als ob er darin schliefe, und sogar seine Tränensäcke sehen aus wie bei einem Shar-Pei-Hund.

»Gut geschlafen, Bert?«, frage ich. »Ja, ganz gut, denke ich.«

»Was steht heute an?«

»Dachte mir, in ein Sport-Pub zu gehen und mir das Spiel anzusehen. Dann vielleicht auf'n Tafelberg. Weiß aber noch nicht, ob ich mich aufraffen kann.« Er klingt immer leicht betrübt, als wäre sein Fußballurlaub in Kapstadt eine ziemliche Unannehmlichkeit für ihn. Er reckt die Nase und schnüffelt geräuschvoll die Luft ein.

»Was ist das für ein Geruch?«

»Muss die Kanalisation sein«, antworte ich. »Ich lass den Klempner kommen.«

Als Nächster kommt der namenlose Schwede herunter, dicht gefolgt von Mairin, der Strickmodengestalterin aus Irland. Ich bin ziemlich sicher, dass Mairin einen Narren am namenlosen Schweden gefressen hat, auch wenn ich ums Verrecken nicht kapiere, warum. Wenn man ihn in ein Bleichefass getaucht hätte, könnte er nicht blasser aussehen. Und Männer ohne Wimpern kann ich sowieso nicht ausstehen. Er heißt selbstverständlich irgendwie, aber der Name ist was, das man nicht aussprechen kann und seltsam betont wird. Man denkt immer, die heißen alle Björn. Ist aber nicht so. Und sie hat was von einer Lesbe. Immer nur in Hosen und das Haar wie 'ne Drahtbürste. Bin richtig erschrocken, als ich gesehen habe, wie sie den nicht vorhandenen Hintern vom Schweden anstarrte, als der sich gestern anmeldete.

Der Schwede rümpft leicht die Nase, dann setzt er sich steif auf die Stuhlkante und wartet, dass ich ihm seinen Kräutertee bringe. Mairin aber hält garantiert nicht die Klappe. Sie hat mir von Anfang an klargemacht, dass mein Laden nicht die Art Unterbringung ist, die sie sich normalerweise aussucht.

»Was, zum Teufel, stinkt hier so?«, fragt sie.

»Bloß die Kanalisation«, gebe ich zur Antwort.

»Sie bestellt den Klempner«, fügt Bert trübsinnig hinzu.

»Oh, ich weiß nicht, ob ich dabei etwas essen kann.«

»Musst dich ja nicht zwingen, Mairin«, sage ich.

»Es wird *Maureen* ausgesprochen«, fährt sie mich an.

Dann buchstabier deinen Namen gefälligst ordentlich, will ich erwidern, bleib aber ruhig. Irgendwie ist mir die Schreibweise phonetisch im Kopf geblieben, als ich ihre Online-Buchung erhielt. Wohl kaum mein Fehler. Und wie viel Frühstücksspeck diese Frau verschlingen kann! Wenn man ist, was man isst, dann sollte sie Haxen und Ringelschwanz haben.

»Madam«, sagt Maya und winkt mich an den einzigen unbesetzten Tisch. »Soll ich Stanley zum Frühstück herunterrufen?«

»Er ist nicht da, Maya. Ist nach Joburg«, sage ich, während ich den Toast auf die Teller verteile. »Gestern schon.«

»Guckt sich das Spiel an, oder?«, sagt Bert, der Brite. »Glücklicher Himmelhund. Passt auf, ihr Südafrikaner, ihr kriegt einen drüber, klar? Keine Chance, Mann. Wird ein Kinderspiel. *Bafana Bafana*. Haufen Blödsinn.« Er macht eine Pause und schielt heimlich zu den beiden anderen Gästen hinüber. »Sollten ›Banana Banana‹ genannt werden – einfach zu zerquetschen, oder was.«

Sogar der namenlose Schwede lacht über diesen heillosen Versuch, witzig zu sein. Maya blickt finster und murmelt auf Xhosa Verwünschungen vor sich hin. Ich fühle mich versucht, in die Küche zurückzuschleichen und in ihre Rühreier zu spucken, und bemerke, dass Maya den gleichen Gedanken hat. Von Stanley abgesehen, lassen meine ausländischen Gäste keine Gelegenheit aus, sich über Südafrikas mangelnde Fußballkünste lustig zu machen, und Bert kann sich stundenlang über die Unfairness der automatischen Qualifikation und das Verteilen von Privilegien auslassen, wenn man ihn lässt. Mairin wirft mir einen boshaften Blick zu. Wer weiß, was sie wieder zu wiehern hat. Ist für Irland, um Gottes willen!

Trotzdem, zum ersten Mal seit Monaten sind alle Zimmer vermietet. Man kann über die Fußballweltmeisterschaft sagen, was man will, aber dem Geschäft tut sie gut.

Maya und ich servieren den Frühstücksspeck und die Rühreier, und wenn Mairin auch meckert, scheint der faulige Geruch ihren Appetit nicht zu mildern. Der namenlose Schwede winkt schweigend nach mehr Tee, und Bert murmelt, dass der Frühstücksspeck angebrannt sei. Ich vermisse Stanleys sonnige Anwesenheit im Esszimmer. Er hat immer ein Lächeln und ein »Guten-Morgen-Madam-wie-geht-es-Ihnen?« übrig. Die personifizierte Höflichkeit. Bei dem könnten Mairin und Bert sich mal eine Scheibe oder zwei abschneiden.

Und anders als die andern, die immer mehr Nescafé-Päckchen und Klopapier haben wollen, hat er in den zwei Wochen, die er bei mir wohnt, nie um etwas gebeten. Als er gestern Abend bei mir klopfte, war das eine echte Überraschung.

»Madam«, sagte er und fummelte nervös an der Tür. »Tut mir leid, wenn ich Sie störe. Aber ich dachte, Sie sollten wissen, dass ich heute Nacht nach Johannesburg reise.«

»Ach so, Sie haben Karten für das Spiel?«

»Nein, Madam. Ich muss für meinen Chef etwas hinliefern.«

Er war nicht wie sonst immer. Seine makellose, weich aussehende Haut hatte einen fettigen Schimmer, und seine Hände zitterten.

»Geht es Ihnen gut, Stanley? Sie sehen ein bisschen spitz aus um die Nase.«

Ich hoffte, dass es nicht am Frühstücksspeck lag. Ich hatte ihn am Stück bei einem Billigfleischer in Wynberg gekauft, und dessen Ladentheke war erschreckend schmuddelig gewesen.

»Ein Jammer. Warum verschieben Sie die Reise nicht?«

»Geht nicht, Madam. Ich muss unbedingt hin.«

»Soll Sie jemand zum Flughafen bringen?«

»Das ist sehr nett. Aber ich nehme den Nachtflug und möchte Sie nicht stören. Halten Sie mir das Zimmer?«

»Natürlich, Stanley. Sie haben schließlich dafür bezahlt.«

In der Pensionsbranche bekommt man alles zu sehen. Sachen, die einem die Haare zu Berge stehen lassen. Einer, der aus geschäftlichen Gründen von Durban heruntergekommen war, ließ, als er abreiste, eine leuchtend rote Perücke unter dem Kopfkissen liegen. Hat Maya einen tüchtigen Schrecken eingejagt, als sie das Bett machte. Und man könnte meinen, dass manche Gäste nie gelernt haben, die Toilette zu spülen. Da wären selbst Paviane reinlicher. Aber Stanley ist der beste Gast, den ich je hatte. Hat einen Monat im Voraus bezahlt. Sagt, er wär hier, um für seinen Chef Weltmeisterschafts-souvenirs zu verkaufen. Ich hab ihm sogar erlaubt, seine Waren in den Lagerraum zu stellen.

Maya war nicht sonderlich glücklich, als er ankam.

»Man kann den Simbabwern nicht trauen, Madam«, zischte sie mir zu. »Ich warne Sie.«

Aber wenn ich ehrlich bin, hätte ich angesichts der Rezession sogar Mugabe ein Zimmer vermietet, wenn er darum gebeten hätte. Und Stanley trägt immer Anzug, egal bei welchem Wetter. Ich mag es, wenn ein Mann Anzug trägt. Das schafft Vertrauen.

Endlich sind die Gäste damit fertig, sich den Mund vollzu-stopfen, und verschwinden in ihren Zimmern. Ich beseitige die Frühstücksschweinerei, und Maya verschwindet, um sich um die Betten zu kümmern. Das ist die Tageszeit, die ich am liebsten habe: wenn das Frühstück vorbei ist, ich vielleicht ein Weilchen die Beine hochlegen, *Reich und Schön* im Fernsehen sehen und meine Morgenzigarette rauchen kann. Danach gehe ich immer die E.-Mails durch und prüfe, ob es neue Buchungen gibt. War das Beste, was ich je getan hab, ins Internet zu gehen und die Pension auf den Touristikseiten einzutragen. Die Bewertungen versuch ich zu ignorieren. Die Leute können so grausam sein, obwohl ich mein Bestes gebe. Hab nie behauptet, wir hätten fünf Sterne. Wer Schickimicki will, soll ins Mount Nelson gehen und dort mit Posh Spice abhängen, oder wie sie heute heißt. Die Gäste, die ich jetzt hab, haben keine Wahl, selbst wenn sie sich Besseres leisten könnten. Dank der Fußballweltmeisterschaft gibt es zwischen Kenilworth und Kayelitsha kein einziges freies Bett mehr. Trotzdem hört Mairin nicht auf, über die Fliesen in der Dusche zu nörgeln. Dabei hat sie Glück, dass sie eine »Suite« hat. War das Letzte, was mein Jannie gemacht hat, bevor er abgekratzt ist: das Zimmer sanitär auf Vordermann gebracht. Krebs. Dabei hat er nie im Leben geraucht.

Die Leute glauben, dass man, wenn man eine Pension hat, nur auf dem Arsch sitzt und zusieht, wie das Geld reinkommt. Ist aber gar nicht so, überhaupt nicht. Elende *kak* auf Rädern, das ist es.

Widerstrebend schalte ich die Mattscheibe aus, schicke Maya ins Wäschezimmer, damit sie mit der Bettwäsche weitermacht, und ergreife die Gelegenheit, ein wenig herumzuschnüffeln und der Ursache des Gestanks auf die Spur zu kommen. Er scheint aber nicht von den üblichen Verdächtigen auszugehen: der Kanalisation, der Spülmaschine oder dem Klo neben der Küche. Ich mach die Fenster auf, um durchzulüften. Ich denke, ich sollte wirklich beim Klempner anrufen, falls eins der Abflussrohre leckt, aber der ist, weiß Gott, nicht billig.

»Gibts vielleicht 'nen Kaffee?«, fragt Bert, der unvermittelt hinter mir auftaucht und mich erschreckt.

»Tut mir leid«, antworte ich. »Alles schon abgeräumt.«

»Auch in Ordnung. Bereit fürs Blutbad?«

»Wie bitte?«

»Alles klar fürs Zuschauen, wenn die Bananen eine Tracht Prügel beziehen? Anstoß ist doch in 'ner Stunde oder so, oder?«

Ich gäb einiges dafür, ihm sein selbstgefälliges Lächeln aus dem Gesicht zu bügeln. Doch wenn unser Fußballverband nicht das Geld aufgetrieben hat, um die Schiedsrichter zu bestechen, bleibt wenig Hoffnung, dass er widerlegt wird.

»Wenn Sie mich fragen, kann es nur peinlich werden«, redet er weiter, unbeeindruckt von meinem harschen Gesichtsausdruck. »Man wird sie regelrecht abschlachten.« Dann hält er inne. »Der Gestank wird schlimmer, stimmts? Riecht mir auch nicht nach Kanalisation.«

Mairin kommt hereingeschlendert, der namenlose Schwede wie ein Schaf hinter ihr.

»Sie müssen unbedingt etwas gegen den Gestank unternehmen«, greint sie. »Der macht mich ganz krank.«

Ich beschließe, ihr nicht zu sagen, dass ihre Zähne mit knallrotem Lippenstift beschmiert sind und sie wie ein blutrünstiger Vampir aussieht.

»Müssten Sie nicht alle los?«, frage ich spitz. »Sich einen Platz suchen, um das Spiel zu sehen?«

»Wen interessiert das schon?«, meint Bert. »Das Ergebnis steht doch schon fest, oder?«

Mairin nickte. »Die Spieler tun mir leid«, sagt sie. »Es muss schrecklich sein, wenn man weiß, dass man bis auf die Knochen blamiert wird. Und dann sieht auch noch die ganze Welt zu.«

Mir reichts. »Noch haben sie nicht verloren, Mairin«, fahre ich sie an.

»Es heißt Maureen.«

»Ich meine«, sagt Bert und zwinkert mir zu, »was ist schon von einem Land zu erwarten, das in seiner Flagge einen Schlüpfer trägt?« Er wirft den Kopf zurück und lacht schallend.

Der Schwede blickt verständnislos drein.

»Was sind Schlüpfer?«, fragt er.

»Unterhosen, was sonst«, antwortet Bert.

Sie mögen zahlende Gäste sein, aber das geht zu weit. Ich mache den Mund auf, um ihm meine Antwort um die Ohren zu hauen, da kommt Maya hereingeschlurft. Nervös wischt sie sich die Hände am Rock ab.

»Madam?«, sagt sie. »Ich glaube, ich weiß, wo dieser Geruch herkommt.«

»Und woher?«

»Aus der Garage, Madam. Dort ist er am stärksten.«

Das ist gut möglich, überlege ich. Die Garage befindet sich unmittelbar unter dem Esszimmer, und der Gestank könnte durch die Luftschlitze nach oben gewabert sein. Und eine Ratte oder ein Eichhörnchen kommen da problemlos hinein.

»Soll ich mal nachsehen?«, fragt Bert.

»Oh, nicht nötig, Bert, ich will nicht, dass Sie das Spiel verpassen.«

»Macht mir nichts aus.«

»Ich komm auch mit«, sagt Mairin und stößt den Schweden in die Seite. »Wir gehen alle zusammen.«

Der Schwede sieht nicht allzu begeistert aus, trottet aber hinterher, als wir die Treppe zum Wäschezimmer hinuntergehen. Maya hat recht, sogar ich muss zugeben, dass der Geruch hier eindeutig strenger ist und die vertrauten Dünste von Waschpulver und billigem Bleichmittel überlagert.

»Ist vielleicht 'ne Schlange?«, meint Bert hoffnungsfroh.

»Hätte nichts dagegen, mal eine zu sehen. Auch wenn sie tot

ist.« Er hält inne. »Wartet mal. Habt ihr Stanley gestern Abend abreisen sehen?«

»Worauf wollen Sie hinaus, Bert?«, frage ich.

»Ich überleg ja nur.«

Mairin schnappt nach Luft und klammert sich wie ein erschrecktes Schulmädchen an den Arm des namenlosen Schweden. Er gibt sich jede Mühe, von ihr abzurücken, aber das Wäschezimmer ist für uns alle viel zu klein.

»Sie meinen, es könnte ihm etwas zugestoßen sein?«, fragt sie.

»Wann sind Sie zuletzt in der Garage gewesen?«, fragt Bert mich.

»Vor einigen Tagen«, antworte ich. »Ich weiß nicht so genau. Aber davon abgesehen, hab ich Stanley gestern Abend gesehen.«

»Yeah«, meint Bert, der ganz offensichtlich Spaß an dem Drama hat. »Aber haben Sie auch gesehen, dass er *abgereist* ist?«

»Oooh, Madam!«, stöhnt Maya auf. »Was, wenn er da drin gestorben ist?«

»Sei nicht albern, Maya! Es ist wahrscheinlich nur ein Eichhörnchen oder so was.« Aber in meinem Magen beginnt es zu rumoren, und ich bin sicher, dass das nicht vom Frühstücksspeck kommt. Weder Maya noch ich essen von dem, was die Gäste kriegen.

»Sollen wir die Polizei rufen?«, fragt Mairin und schmiegt sich noch enger an den Schweden, der regelrecht in die Ecke gedrängt wird.

»Seid ihr bekloppt?«, sagt Bert und kratzt sich durch sein Polyester-Fußballtrikot den Bauch. »Los, sehen wir nach.«

Ich atme tief ein und mache die Tür auf. Aber in der Garage sieht es aus wie immer – ein großer Raum, ringsum aus Beton, der nichts weiter enthält als meinen kleinen Ford Ka,

die aufgestellte Schubkarre und Jannies säuberlich aufgereih-
te Werkzeuge, die auf der alten Werkbank vor sich hin rosten.
Bert kniet sich hin und sieht unter dem Auto nach.

»Nix.«

»Madam. Der Lagerraum.«

Maya zeigt mit dem Finger zu der Tür, die von der Garage
abgeht. Bert geht hinüber und schnüffelt daran.

»Yeah. Kommt mit Sicherheit von hier. Haben Sie den
Schlüssel?«

»Nein«, antworte ich. »Den hab ich Stanley gegeben.«

»Stanley?«

»*Ja*. Er hat sein Zeug da drin verstaut.«

»Scheiße. Da müssen wir die Tür aufbrechen.«

Bert strafft sich, als wollte er sich dagegenwerfen.

»Versuchen Sie es erst mit der Klinke, Bert«, sage ich.
»Könnte sein, dass nicht abgeschlossen ist.«

Bert sieht ein wenig enttäuscht drein, drückt aber die Klinke herunter. Die Tür klemmt ein bisschen, dann gibt sie nach.

»*Haiyibo!*«, flüstert Maya.

Der kleine Raum ist bis unter die Decke mit Kartons vollgestopft, aus denen Bafana-T-Shirts, Schals und unzählige
Vuvuzelas hervorquellen.

»Zumindest wissen wir jetzt, dass Stanley nicht hier drin
ist«, sagt Mairin. Sie klingt fast schon enttäuscht. »Kein
Platz.«

Bert schnüffelt geräuschvoll an jedem Karton, bevor er ihn
uns unbeholfen herüberreicht. Aus einem Behälter flattert
etwas, das wie ein Bündel gefälschter Eintrittskarten für das
Endspiel aussieht und uns wie Konfetti umschwebt.

»Uh-oh«, sagt Bert. »Ich glaube, ich habs gefunden.«

Er zeigt auf die Rückwand des kleinen Raums. Dort steht
ein Regal, in dem ein Lederkoffer mit Reißverschluss lagert.

Bert hält sich die Nase zu, langt nach dem Koffergriff und

schleudert den Koffer in die Garage, ein paar Meter von uns weg. Er ist ungefähr so groß wie die Geschäftskoffer, die Flugbegleiter und Geschäftsleute benutzen, und der abgewetzte Zustand sowie seine ekelhaft braune Farbe machen klar, dass er ein Produkt der Siebzigerjahre ist. Und er ist offensichtlich der Ursprungsort des faulen Verwesungsgeruchs, der inzwischen jeden Winkel der Garage ausfüllt.

Ein paar Sekunden lang starren wir ihn nur an. Ich zünde mir eine Zigarette an, weil ich hoffe, dass der Rauch den schlimmsten Geruch überlagern wird. Mairin wirft mir einen leicht missbilligenden Blick zu. Ich beschließe, ihn zu ignorieren.

»Ich bezweifle, dass da eine Leiche drinsteckt. Der Koffer ist viel zu klein«, sagt der namenlose Schwede und überrascht uns alle mit seinem unaufgeforderten Kommentar.

»Yeah, aber vielleicht sinds Körperteile, was?«, erwidert Bert begeistert.

»Oh, bitte!«, sagt Mairin und nutzt die Gelegenheit, sich wieder an einen der dünnen Arme des Schweden zu klammern. Maya mischt sich ein.

»Dieser Stanley, Madam. Ich habe Sie gewarnt, dass Sie dem nicht trauen dürfen.«

»Yeah. Hab auch gedacht, dass der was Komisches an sich hat«, wirft Bert ein.

»An Stanley ist nichts komisch«, fahre ich ihn an.

»Ist vielleicht ein Serienmörder. Die heben sich ja gern ein Erinnerungsstück an ihre Opfer auf«, sagt Mairin und klammert sich weiter an den Schweden.

»Wir sollten ihn aufmachen, Madam«, sagt Maya.

Alle fünf schrecken wir zusammen, als die Tür zum Wäschezimmer hinter uns ins Schloss fällt.

»Madam! Was machen Sie da?« Stanley kommt mit verzweifeltem Gesichtsausdruck auf mich zu. Ich weiß nicht, ob ich erleichtert bin, ihn zu sehen. So, wie die andern ihn anstarren, kann er von Glück sagen, wenn er hier heil wieder rauskommt. »Was machen Sie da mit meinen Waren?«

»Das erklärst du uns, Kumpel!«, meint Bert.

»Stanley! Ich dachte, Sie wären in Joburg?«, frage ich.

»War ich auch. Musste aber zurückkommen. Ich war krank.«

Er zögert und schnüffelt. »Was ist das für ein Geruch?«

»Wie gesagt, das erklärst du uns«, wiederholt Bert.

»Wie?« Stanley wirft zum ersten Mal einen Blick zum Koffer hinüber, und sein Körper sackt in sich zusammen, als hätte man ihn in die Magengrube getreten. »Oh, nein. Ich stecke in Schwierigkeiten. Ernsten Schwierigkeiten.«

»Das können Sie laut sagen«, meint Mairin.

»Ich hätte diesen Koffer vor drei Tagen in Durban abliefern sollen.«

»Aber was ist da drin? Warum stinkt es so?«, frage ich.

»Das weiß ich nicht.«

»O Mann, tu doch nicht so!« Bert verdreht die Augen.

»Ehrlich. Mein Chef – er bat mich, darauf aufzupassen und ihn dann zu seinen Kunden zu bringen.«

»Und Sie haben nicht hineingesehen?«, frage ich.

»Nein. Kam mir nicht in den Sinn. Ich dachte, es wären die üblichen Sachen drin.«

»Und dein Chef, der ist ein übler Schleimer?«, fragt Bert.

»Wie bitte?«

»Ist wohl ein Gauner?«

»Nein!«, ruft Stanley aus. »Er ist aus Mosambik.«

»Gut, wir müssen ihn wohl oder übel öffnen«, werfe ich ein. »Wer meldet sich freiwillig?«

»Kannste vergessen«, lehnt Bert ab.

Die Augen des namenlosen Schweden kleben am Fußboden, und Mairin und Maya sind sowieso keine Hilfe.

»Stanley?«, frage ich.

Er beißt sich auf die Unterlippe und schüttelt den Kopf.

»Tut mir leid, Madam. Aber ich will es gar nicht wissen.«

Alle starren sie mich an.

»Jammerlappen, alle miteinander!«

Ich will das wirklich, wirklich nicht tun. Ich brenn mir eine neue Marlboro am Stummel der alten an, hock mich hin, zähl bis fünf, und dann ziehe ich den Reißverschluss auf, so schnell ich kann. Ich mach die Augen zu, werfe den Deckel zurück, und der landet mit einem hörbaren »Klatsch« auf dem Betonfußboden.

»Scheiiißßßeee!«, entweicht es Bert wie die Luft aus einem Reifen. Wenigstens jetzt kriegt der namenlose Schwede Farbe auf die Wangen, und Mairin sieht aus, als würde sie gleich ein Kilo schlecht aufgetauten Frühstücksspeck über sein weißes T-Shirt kotzen. Ich brauch ein paar Sekunden, um genau herauszubekommen, was ich da sehe. Das Innere des stinkenden Koffers ist ein Chaos aus Farben, doch wird das Bild Stück für Stück klarer.

»Sind das Wasserschildkröten, Madam?«, flüstert Maya.

»Nein«, antworte ich, und die vergessene Zigarette verbrennt mir die Finger. »Aber so etwas Ähnliches.«

Der Koffer ist voller Landschildkröten – kleiner, lebloser Landschildkröten. Sie sind so dicht in den kleinen Raum gestopft, dass schwer zu unterscheiden ist, wo eine aufhört und die nächste anfängt. Der surreale Anblick wird auch dadurch nicht gemindert, dass jeder Schildkrötenpanzer mit knallbunter Farbe bemalt ist.

»Was zur Hölle?«, keucht Bert. Dann kneift er die Augen zusammen und zeigt auf eine Kreatur, die am Rand eingezwängt ist. »Wartet mal, ist das nicht der Union Jack?«

»Ja!«, sagt der namenlose Schwede. »Und da drüben ist Frankreich!«

Ich rücke näher heran. Es stimmt: Jede Schildkröte hat die Flagge einer anderen Nation auf dem Panzer. Ich kann Japans verräterisches Weiß und Rot ausmachen, ein armselig ausgeführtes Sternenbanner und das deutsche Schwarz-Rot-Gold.

»Wer zum Teufel macht denn so was?«, fragt Bert. »Das ist wirklich 'ne völlig kranke Idee für ein Souvenir.«

»Ich hab nichts davon gewusst!«, sagt Stanley und sieht ehrlich verwirrt aus. Eine Träne rollt ihm die Wange hinunter. »Ich habs wirklich nicht gewusst!«

Mairin beugt sich näher heran. »Da bewegt sich eine!«

»Stimmt«, sagt Bert.

Unter dem Haufen Leichen kann ich eine winzige Bewegung ausmachen. Die graubraune Form einer auf dem Rücken liegenden Schildkröte strampelt mit den Beinen, will sich aus dem stinkenden Friedhof befreien.

Ich beug mich hinüber und heb sie auf, halte sie vorsichtig am Rand des Panzers, der schleimig ist und von den Körpersäften der anderen Reptilien glänzt. Sie strampelt und steckt den Kopf heraus, als wollte sie so viel frische Luft atmen, wie es geht. So sanft wie möglich drehe ich sie um.

»Ha!«, keucht Maya.

»Seht euch das an!«, sagt Bert, der wenigstens jetzt seine Blasiertheit fallen lässt. Sogar Mairin fehlen die Worte.

Ich kann nicht anders, mich durchzuckt ein kleines Triumphgefühl, während wir alle die einzige überlebende Schildkröte betrachten, die über meine Handfläche krabbelt. Auf ihrem Panzer ist eindeutig die südafrikanische Flagge zu erkennen.

Das Geheimnis der Cango Caves

Anne Landsman

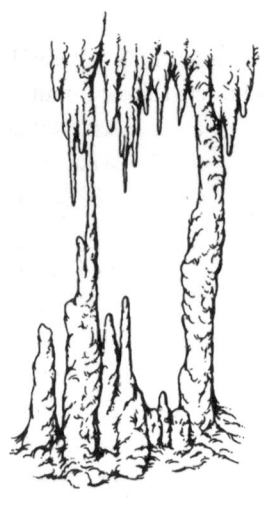

Ich lasse oft alles innerlich Revue passieren, was an jenem Tag vor sich ging, ganz so, als suche ich etwas Bestimmtes: Wo ist es mir zuletzt unter die Augen gekommen? Versteckt es sich in einer Sesselritze, oder ist es hinters Bett gefallen? Ist es weg, oder sehe ich den Wald vor lauter Bäumen nicht? Die meisten haben Pauline vergessen. Ich aber bin diejenige, die hier leben muss, genau an der Stelle, wo sie sich in Luft aufgelöst hat. Die Hundezwinger befinden sich nicht weit vom Höhleneingang entfernt, damit die Leute, die ihre Hunde bei uns lassen wollen, es bequem haben. Die Menschen kommen und gehen, als ob es das Normalste auf der Welt wäre. Ich aber sitze fest hier am Ort, zusammen mit dem herumspukenden Geist eines fremden Dienstmädchens. (Bestimmt hat sie es absichtlich getan, um mich zu ängstigen. Bestimmt lacht sie mich in diesem Moment aus, genauso wie Jack.)

Pauline muss ein bisschen gefroren haben in den Höhlen, denn sie hatte ihre Nylonjacke im Auto gelassen. Das stellte sich erst später heraus. Oom Piet führte sie und die anderen aus ihrer Gruppe gleich vorn an der Darstellung vorbei, die eine Buschmannfamilie zeigt, die ihre täglichen Geschäfte erledigt, wie seit Urzeiten. Dann führte Oom Piet sie in die

Van-Zyl-Halle, die über fünfzehn Meter hoch und um die hundert Meter lang ist. Ich frage mich, was ihr durch den Kopf ging, während sie dastand, umgeben von all diesen gewaltigen Stalaktiten und Stalagmiten, die angestrahlt in allen Regenbogenfarben leuchteten.

Hier schalten sie meist die Lichter aus und lassen das Tonband laufen. Es ist stockfinster und totenstill, und man ist in dieser Riesenhöhle unter der Erde wie Jonas im Walfischbauch. Man hört Stimmen oben im Gewölbe. Man sieht ein paar Lichter auf und ab hüpfen, die so klein wie die Sterne am Himmel sind. Das soll die Stimme von van Zyl sein, des Mannes, der als Erster mit seinem Sklaven Klaas die Höhle betreten hat und alles so erblickte, wie es damals war – schwarzweiß gescheckt, ohne die bunten Lichter. Man kann ihre Äxte auf den Fels schlagen hören, und dann etwas, das wie ein Peitschenknall oder Schrei klingt, gefolgt von van Zyls Knurren: als ob Klaas, der Sklavenjunge, sich weigerte weiterzugehen.

Das Band läuft ein paar Minuten weiter, dieses Gehacke, Gequietsche und Geknalle, die Männerschritte, noch mehr Geächze und Rufe wie: »Klaas!« und »Baas!«. Dann fangen die Kinder in der Gruppe meist zu weinen an. Bei den Führungen für die Einheimischen schreien manchmal die farbigen Dienstmädchen los. Vielleicht passierte so etwas mit Pauline. Das Tonband könnte ihr einen Schreck eingejagt haben, und sie rannte einfach davon.

Oom Piet sagt, er weiß noch, dass Pauline tiefer in die Höhle hineingegangen ist. Sie muss also durch die Van-Zyl-Halle gegangen sein, die gleich beim Eingang ist. Aber falls sie dort schon geschrien hat, dann weiß ich nicht, wie ihr erst am Teufelsschlot zumute war. Das Einzige, was Oom Piet sagt, wenn man ihn nach Pauline fragt, ist: »*Sy was ’n mooi vrou.*« – Sie war eine schöne Frau. Wenn ich darüber nachdenke, wird mir heiß und kalt. Warum nur hat Oom Piet gesagt, sie sei hübsch gewesen? Ich habe noch nie eine Farbige gesehen, die hübsch ist. Das Komische an Pauline ist, dass es alle Männer von ihr sagen, wenn die Rede auf sie kommt, sogar Jack. Jack behauptet, er kann sich an sie erinnern, was unmöglich ist. Wie könnte er? Er sagt, sie hätte ihn an ein Reh erinnert, die großen, erschrockenen Augen und die weichen Züge. Ein Mann sagt sogar, sie hätte lange, schlanke Beine gehabt!

Wahrscheinlich lacht sie jetzt darüber, wie ich mir den Kopf zerbreche. Möglicherweise hat sie in den Höhlen wie ein Vandale gehaust und sitzt jetzt bei ihren Leuten auf der Farm, wo sie sich mit all den Stalaktiten und Stalagmiten brüstet, die sie gestohlen hat. Es braucht Millionen Jahre, bis ein Stalaktit entsteht, Millionen Jahre tropft das Wasser und wird zu Stein, und dann kommen diese Vandalen daher und machen alles kaputt, indem sie sich große Stücke davon abbrechen. Man sollte sie dafür umbringen.

Eines Abends, nicht lange nachdem Pauline verschwunden war, gönnte ich mir einen Drink vor dem Essen, da kam Jack herein und trug einen langen Stalaktiten vor sich her wie einen Eiszapfen und legte ihn auf den Kaminsims. Mir blieb fast das Herz stehen. Ich sagte keinen Mucks, was genauso falsch war, als wenn ich etwas gesagt hätte, denn er ahnte, was mir durch den Kopf ging. Er konnte es mir an der Nasenspitze ansehen. Meine Lippen zuckten, aber ich konnte es nicht ändern. Dann fing er mit dem verdammten Ding zu spielen an. Er tat, als wäre es ein Schwert, und kam auf mich zu.

Ich saß da wie angewurzelt, die Eiswürfel in meinem Drink schmolzen. Dann stieß Jack mit seinem Speer gegen mein Glas und schrie dabei fürchterliche Dinge, dass ich Alkoholikerin sei und so etwas. Genau an diesem Punkt löste sich etwas in mir, und noch ehe ich michs versah, kam mir aus der Kehle so etwas wie ein Gurgeln. Ich weiß nur noch, dass mein Drink auf dem Boden landete und dass mir der Gedanke an

den Teppich durch den Kopf schoss, und dann legte er mir
schon die Hände um den Hals und drückte zu. Ich weiß nicht,
wo der Stalaktit geblieben ist. Flo, unser Basset, lief herbei und
bellte sich die Seele aus dem Leib. Es war ein heilloses Durcheinander. Ich sah schon feuerrote und schwarze Flecken, da
ließ Jack los.

Plötzlich war es ganz still. Nur ein paar leise Geräusche,
die von Flo zu kommen schienen, aber tatsächlich stamm-
ten sie von mir. Jack saß in einem Sessel und guckte Löcher in
die Decke. Mein Glas lag am Boden. Flo war auf mich drauf-
geklettert, und der Stalaktit war verschwunden. Ich habe ihn
nie mehr zu Gesicht bekommen und hoffe, ihn auch nie mehr
zu sehen.

Hinter der Van-Zyl-Halle liegt noch eine große Höhle, die
Botha-Halle. Hinter der Botha-Halle kommen die Sakristei,
die Katakomben, der Tempel und die Krypta. Und danach die
Regenbogenkammer, die Brautkammer und Feenland. Möglicherweise ist sie bei dem Felsmassiv stehen geblieben, das
wie ein Himmelbett aussieht. Ich könnte mir vorstellen, dass
eine junge Frau wie sie in dieses Bett gestiegen ist, um auf den
Märchenprinzen zu warten. Es ist still dort. Nur das Tropfen,
die dämmrigen Lichter und all diese wunderschönen, leuch-
tenden Stalaktiten und Stalagmiten. Vielleicht ist sie für ein
Weilchen eingenickt, dann aufgewacht, und alle waren weg.
Gerade hier im Feenland mit seinen kleinen Stalaktiten an der
Decke und den gewundenen Zapfen, die sich Heliktiten nennen. Genau dort würde ich verloren gehen. Das ist die Mär-
chenwelt.

Hinter Feenland kommt der Trommelraum. Hier wird
haltgemacht, und die Leute dürfen mal auf den Stalagmiten
schlagen, der wie eine Trommel aussieht und auch so klingt.
Vielleicht sind dort die beiden Führungen durcheinander-
geraten. So etwas kommt vor. Die Gruppe der Farbigen und

der Schwarzen holt die der Weißen ein, dann müssen sie hinter der Metallkette warten, bis die weiße Gruppe weitergeht. Pauline könnte durchgeschlüpft sein und sich der weißen Gruppe angeschlossen haben.

Hinter dem Trommelraum geht es die Jakobsleiter hinunter, schließlich landet man in der Großen Halle, die noch größer als die Van-Zyl-Halle ist. Hier finden sich riesige Deckenformationen, die wie ungeheure Fleischbrocken aussehen. Dieser Raum macht mir Angst. Ich stelle mir vor, ein schwarzer Mann versteckt sich irgendwo, um mir aufzulauern und mich am Gewölbe aufzuhängen. Womöglich hängt Pauline da oben, in einen Stein verwandelt.

Es gibt auch noch die Sandräume, Lots Kammer und das Labyrinth. Dahinter kommen Hexenschusspfad, Kristallkammer, Kristallpalast, Kristallwand und Eiskammer. Ungefähr hier wird die Luft allmählich dünner, besonders am Ende des Tages, wenn sie von den Touristen aufgebraucht ist. Zum Kristallwald gehört ein Japanischer Garten mit einem Stalagmitenbaum. Seine Krone ist über und über mit Kristallen bedeckt. Fast hätte ich König Salomons Mine vergessen, eine meiner Lieblingshöhlen. Hier sind die gefrorenen Wasserfälle, die vom Gewölbe herunterstürzen. Einige sind so fein geformt, als ob sie in der Luft gefroren wären, als hätte sich ein Schwall Wischwasser plötzlich im Wind in Eis verwandelt.

Inzwischen hat man bereits ein paar Wasserlachen durchquert, sogar einen Bach, und es kommt einem vor, als hätte man den Mittelpunkt der Erde erreicht, Dann geben sie etwas über die Werkstatt des Teufels zum Besten, die letzte Abteilung, um einem regelrecht das Gruseln zu lehren. Diesen Teil hat man inzwischen geschlossen. Als Pauline vor vierzig Jahren an der Führung teilnahm, war er noch zugänglich. Es ist nicht gut, ängstlich zu sein, was das Problem mit der Luft angeht, besonders wenn man, wie ich, manchmal mit Asthma zu tun hat. Die Gruppen teilen sich dort auf in diejenigen, die durch den Teufelsschlot wollen, und die anderen, die zu ängstlich oder zu fett sind oder Asthma haben. Jack geht immer mit der ersten Gruppe mit. Ich immer in der zweiten. Jack liebt es, Leuten von Dingen zu erzählen, die Angst machen: Höhen, über Brücken zu laufen, der Teufelsschlot, Segeln, das Wasser, Krebse, Affen, vor anderen Leuten zu sprechen.

Barbara, die im Büro arbeitet, meint, es ist gar nicht so schlimm. Der Teufelsschlot ist nichts als eine Felsspalte. Man kriecht bäuchlings hindurch. Das hintere Ende ist der Briefkasten des Teufels, aus dem man sich wieder herauswinden muss. Mir behagt an dem Ganzen nur nicht, dass Menschen im Schacht stecken bleiben. Einmal war jemand fast eine Stunde lang da drin, sie mussten ihn mit Fett einreiben, damit er herausrutschen konnte. Weil er kaum atmen konnte und sich dünner zu machen versuchte, war sein Gesicht blau angelaufen. Am Ende schaffte er es, sich zu befreien, und alle lachten sich scheckig. Ich denke, das ist es nicht wert, auch wenn sich Jack scheinbar etwas darauf einbildet, wie spielend leicht er hinein- und herauskommt. Vielleicht erinnert es ihn an die Armee. Er sollte das heute mal vorführen, wo er so dick geworden ist. Ich würde ganz gern zur Abwechslung auch mal lachen.

Jack sagt mir direkt ins Ohr, dass Pauline dort am Teufelsschlot verloren gegangen ist. Er umfasst meine Brüste und sagt, Oom Piet hatte eine Abmachung mit dem Teufel. Ich kann mir nicht vorstellen, dass Oom Piet mit dem Teufel im Bunde ist. Er hat mir mal ein Foto von seinen Enkeln gezeigt. Einer von ihnen ist sehr klug und hat ein Stipendium für Amerika bekommen, obwohl er ein Farbiger ist. Als ich es Jack erzähle, wird er wütend und stößt mich weg. Er sagt, dass Oom Piets Enkel wahrscheinlich auch mit dem Teufel unter einer

Decke steckt. Es heißt zwar, er ist nach Übersee, vielleicht hockt er aber irgendwo in den Höhlen und foltert jemanden.

Aber schon rückt mir Jack wieder auf den Pelz und versucht, mir mit der Hand unters Shirt zu greifen. Er meint, dass Pauline dem Teufel geopfert worden ist. Dabei weiß er genau, wie ich Geschichten vom Teufel hasse. Alle paar Jahre brachte Oom Piet dem Teufel ein nettes junges Mädchen mit langen Beinen und festen Brüsten, vorzugsweise eine Farbige, und der Teufel machte es möglich, dass der nächste Enkel in die Schule gehen konnte. Als der Teufel Pauline erblickte, flüsterte er Oom Piet ins Ohr, dass er sie haben wolle. Als sie zum Teufelsschlot gelangten, stellte Oom Piet sicher, dass die anderen vorausgingen und sich durch die schmale Öffnung quetschten und drängten. Pauline wollte nicht, aber er zwang sie, indem er ein Messer zückte und sie in den Schacht trieb. Sie war entsetzt, aber er trieb sie weiter. Er fasste ihr sogar unters Kleid und zerschnitt mit dem Messer ihr Höschen. Sie schluchzte, ging aber weiter. Nachdem sie sich durch den Briefkasten des Teufels gezwängt hatte, landete sie nicht wie erwartet in der Eiskammer, sondern in einer anderen Höhle. Es war total finster dort, nur die Stalaktiten und Stalagmiten lebten. Es gab riesige Fledermäuse, so groß wie Menschen. Sie umschwirrten sie und nahmen ihr die Kleider weg. Dann kam der Teufel herein, ganz in Flammen. Er nahm Pauline in die Arme, die sofort Feuer fing. Er tat ihr Schlimmes an, während sie brannte. Zum Beispiel griff er in sie hinein, bis sie innerlich brannte. Schließlich löste sie sich in einer schwarzen Rauchwolke auf, die wie ein Stück Haut am Höhlengewölbe hängen blieb.

Ich versuchte, mir den Büstenhalter zurechtzurücken, und sagte zu Jack, dass ich mich deshalb weigere, die Höhlen zu betreten. Immer wenn ich hochschaue und schwarze Flecken sehe, oder Farben wie Rot oder Braun, kommt alles wieder über mich.

Woran ich mich lebhaft erinnere, als wäre es erst gestern gewesen, ist das mit den Steenkamps. Als die Steenkamps aus den Höhlen herauskamen und Pauline sich nicht blicken ließ, bekam Marie-Louise, das kleine Mädchen, einen Anfall. So etwas hatte ich noch nie erlebt. Sie kamen eigentlich, um Smiley abzuholen, den sie schließlich daließen. Marie-Louise lag am Boden, schrie und strampelte, als hätte der Teufel nicht Pauline, sondern sie in den Klauen. Man konnte sich ihr nicht nähern. Mrs Steenkamp machte den Eindruck, als brauchte sie einen starken Schnaps. Ihr Ehemann, der Arzt, stand bloß da und nahm einen Film aus dem Fotoapparat, als wäre nichts geschehen. Die anderen Kinder holten sich etwas Kaltes zu trinken. Es war alles ziemlich peinlich für die Eltern. Sie mussten einen Suchtrupp organisieren, der ihr Dienstmädchen finden sollte.

Der Suchtrupp durchkämmte eine Zeit lang die Höhlen, auch Oom Piet, der »Pauline, Pauline!« rief. Sie gab keine Antwort. Jack schloss sich ihnen an und nahm Shaka mit, der alles nach dem Geruch erkennen kann, sogar wenn es in Kunststoff gepackt ist. Mr Steenkamp gab uns dann Paulines Jacke. Sie roch nach Vaseline und Sunlight-Seife. Vielleicht fiel es Shaka deshalb schwer, den Geruch aufzunehmen, weil die Höhlen einen eigenen Geruch haben. Es ist diese Art Geruch, den man dort wahrnimmt, wo es feucht und modrig ist. Auch die Geräusche da unten verwirren einen, wegen des dauernden Getropfes und des gedämpften Schalls, als wäre man im Bauch eines Riesen, wo die Säfte gären.

Nach ein paar Stunden hörten sie mit der Suche auf, denn am nächsten Tag sollten wieder Führungen stattfinden, man kann ja schließlich nicht die Welt zum Stillstand bringen bloß wegen einem Schreihals von kleinem Mädchen, das sein Kindermädchen vermisst. Dr. Steenkamp kam Smiley abholen. Wie es schien, saß Mrs Steenkamp mit Marie-Louise im Auto, man hatte ihr eine Beruhigungsspritze verpasst. Dr. Steen-kamp verhielt sich höflich und gelassen, wie das Ärzte an sich haben, wenn sie sich die Hände waschen oder jemanden un-tersuchen. Er hatte seinen Fotoapparat um den Hals gehängt und ließ ein paar Worte fallen, wie dass man aus Versehen Licht in den Fotoapparat lassen und den Film verderben kann. Smiley jedenfalls freute sich über das Wiedersehen und sprang auf und ab wie jemand, der mit dem Flugzeug in der Wüste landen will. Wegen all der Unannehmlichkeiten hatte ich nichts dagegen, dass er uns verließ, auch wenn er nicht da-ran schuld war.

Meiner Meinung nach hatte Pauline gar nicht an der Füh-rung teilgenommen. Ich glaube, sie ist zum Parkplatz zurück-gelaufen und ist von Farbigen bis zur Hauptstraße mitgenom-men worden. Sie hat sich den Outeniqua-Pass entlang auf den Weg gemacht wie diese farbigen Männer und Frauen, die in-mitten der Ödnis meilenweit wandern. Manchmal haben sie ein Fahrrad, aber meist sind sie zu Fuß. Zuweilen, wenn ich die Hunde ausführe, sehe ich sie in der Ferne mit ihren langen, schlanken Beinen. Sie dreht sich um, ich winke ihr zu, aber sie winkt nicht zurück. Sie läuft einfach weiter.

Verschwunden

Deon Meyer

In der ersten beklemmenden Schrecksekunde glaubte Muller, es sei ein Wildbock. Sein Herzschlag stockte; er stieg auf die Bremse und riss fluchend das Lenkrad nach rechts.

Ehe sie zwischen dem schulterhohen Fynbos auf der anderen Seite der unbefestigten Straße verschwand, brannte sich ihr flüchtiges Bild auf Mullers Netzhaut ein. Erstarrt blieb er ein paar Minuten sitzen, den Kopf auf das Lenkrad gelegt. Den starken Motor des Polizei-Chevys hatte er abgewürgt. Mit geschlossenen Augen und noch immer wild klopfendem Herzen beschwor er den Anblick wieder herauf: die Rückseite eines Beines, der Wadenmuskel, in einer vollkommenen Rundung sprungbereit angespannt unter der sonnengebräunten Haut, ein Stück flatternder, geblümter Kleiderstoff, ein Arm, eine Hand, rückwärts gestreckt, lange, wehende Haare von einer unbestimmten Erdfarbe. Er versuchte – eine Berufskrankheit –, ihre Gesichtszüge heraufzubeschwören, doch er hatte nur verschwommene Schemen vor Augen – eine unvollkommene Erinnerung.

Eine ganze Weile lang saß er so da, dann blickte er wieder zu der Stelle hin, an der sie verschwunden war, sah aber nichts. Er ließ den Motor an, kuppelte, schaltete und fuhr weiter.

Botrivier konnte nicht mehr weit sein.

Adjutantoffisier Duvenhage, der Dienststellenleiter, war ein hochgewachsener, hagerer Mann in den mittleren Jahren. Unwirsch sagte er: »Ihre Ermittlungen können Sie sich sparen, Luitenant. Konstabel de Beer ist desertiert. Nach Johannesburg, zu den Goldminen.«

»Wie kommen Sie darauf?«, entgegnete Muller konsterniert.

Duvenhage zuckte resigniert die Achseln. »Das Geld, die Großstadt ...«

»Hat er je so etwas erwähnt? Hat er angedeutet, dass er dorthin wollte?«

»Das brauchte er gar nicht. Man erkennt das doch schon am Blick, an ihren Augen. Die sind alle gleich. Starren ständig aus dem Fenster, die Straße runter.«

Muller seufzte. »Trotzdem muss ich einen Bericht schreiben, Adjutant. Kann ich hier irgendwo übernachten?«

»De Beers Zimmer ist frei. Es dauert ewig, bis man hier neue Leute bekommt.«

Das Zimmer, das Konstabel de Beer bewohnt hatte, lag, der Straße abgewandt, im hinteren Teil des Gebäudes. Es war kühl und halbdunkel.

Muller trug seine Reisetasche hinein und warf sie auf die nackte Rosshaarmatratze. Er zog die Jacke aus und sah sich nach einer Möglichkeit um, sie aufzuhängen. Ein klappriger brauner Schrank lehnte an der Wand, und am Fußende des Bettes stand eine Blechkiste. In der Ecke befanden sich ein Tisch und ein Stuhl, und verschossene, dunkle Gardinen hingen vor dem Fenster.

Muller hängte die Jacke über die Rückenlehne des Stuhls, zündete eine Paraffinlampe an, stellte sie oben auf den Wandschrank und nahm die braune Aktenmappe aus seiner Reisetasche. Er setzte sich an den Tisch, nestelte am obersten Hemdenknopf und lockerte die Krawatte.

Auf dem Deckel der Aktenmappe, über der punktierten Linie, stand: *Antonie Wentzel de Beer: Als vermisst gemeldet. Offizieller Bericht, 17. Januar 1947.* Muller schlug die Mappe auf. Darin befand sich die ursprüngliche Mitteilung Duvenhages an den Kommissaris – blaue Tinte, eine peinlich saubere Handschrift, abgefasst in einer altmodischen Mischung aus Niederländisch und Afrikaans, die nur noch von der Generation des Dienststellenleiters in amtlichen Dokumenten verwendet wurde. Duvenhage war zu folgendem Schluss gekommen: Nach zwei Wochen unerlaubter Abwesenheit könne man davon ausgehen, dass de Beer von seinem Posten desertiert sei. Dann gab es noch den Bericht der Polizeidienststelle in Patensie. Die Mutter de Beers hatte ausgesagt, ihr Sohn würde niemals desertieren. Verzweifelt hatte sie darauf beharrt, dem Konstabel müsse etwas zugestoßen sein.

Muller blätterte um. *Angaben zur Person: De Beer, Antonie Wentzel. Geboren am 22. August 1928.* Neunzehn Jahre alt … ein halbes Kind noch. Muller betrachtete das Foto des vermissten Konstabels – unsicheres Lächeln, die Haare glatt und adrett zurückgekämmt, ein leicht schiefer Schneidezahn, die Augen klar und lebendig.

»Wo bist du, Konstabel Antonie Wentzel?«, fragte Muller laut in die Stille des Zimmers hinein. Und er wunderte sich darüber, dass de Beer angeblich das Armeebettzeug und all seine Besitztümer mitgenommen haben sollte. Ins Sodom und Gomorrha von Johannesburg, dieser Milchbubi aus dem Gamtoos-Tal? Einer mit einem so ehrlichen Gesicht sollte zum Deserteur geworden sein?

Nach dem Essen schlenderte Muller gelangweilt durch das Dorf. Der Spätsommerabend war schwül und windstill. Ein Gemischtwarenladen. Das Büro der Landwirtschaftskooperative. Eine Autowerkstatt. Hier und da fiel Licht aus dem Wohnzimmerfenster eines Hauses. Nichts rührte sich auf den Straßen. Acht Uhr abends.

Langsam kehrte Muller zu der Tür mit der bläulichen Eingangsbeleuchtung zurück und ging den Flur entlang zu seinem Zimmer. Jemand hatte ihm ein Kissen, Bettwäsche und eine Decke hingelegt.

Er zog das Hemd aus und merkte plötzlich, wie verschwitzt er war. Dann überzog er das Bett, drehte die Lampe herunter, blies das Licht aus und legte sich hin, die Hände hinter dem Kopf verschränkt. In Kapstadt hätte er um diese Zeit die Polizeigebäude am Caledonplein verlassen und wäre auf einen Drink mit Kollegen ins Savoy gegangen. Vielleicht hätte er auch eine Frau ins Reginakafee in Seepunt zum Essen ausgeführt.

Doch hier lag er nun, in einem Dorf, das um kurz nach acht bereits schlief. Gereizt stand er auf, um das Fenster zu öffnen. Er zog die Gardinen beiseite.

Und da sah er sie, im Schein einer Öllampe, kaum zwanzig Schritte entfernt. In dem Haus direkt neben der Polizeiwache. Er konnte durch das Fenster die Möbel erkennen: das schneeweiß bezogene Bett, das dunkle Holz der Frisierkommode und den großen Kleiderschrank an der rückwärtigen Wand.

Er erkannte den Stoff ihres Kleides wieder.

Unwillkürlich stieg das Bild wieder in ihm auf, das er am Straßenrand erhascht hatte. Er wusste, dass sie es war. Zwanzig Schritte. Sein Blick suchte Gesichtszüge, suchte Schönheit. Einen Hauch von Ebenmäßigkeit, voller Verheißung.

Sie war dabei, sich auszuziehen.

Der helle Kleiderstoff glitt von ihren Schultern. Langes, braunes Haar fiel über ihren unbedeckten Rücken. Weiße Unterwäsche hob sich von der ebenmäßig gebräunten Haut ab. Mit beiden Händen griff sie zwischen die Schulterblätter, löste den BH-Verschluss und ließ das Dessous langsam hinuntergleiten. Beim Anblick ihrer Brüste schnappte er nach Luft. Ihr Busen und ihre geschmeidigen Glieder raubten ihm den Atem.

Als sie zur Kommode mit der Waschschüssel ging, schienen ihre Bewegungen fließend wie Wasser.

Die Schatten, die die Lampe warf, hoben kleine Details besonders hervor: die Muskeln ihrer Arme, die sich wölbten, als sie den Krug anhob und das Wasser in die Schüssel goss. Die Kopfbewegung, mit der sie das Haar über die Schultern schwang, war langsam und geübt. Sie griff nach irgendetwas – nach einem Schwamm. Die Hand mit dem Schwamm schwebte erst zur Seife, dann, ganz allmählich, in Richtung ihres Halses. Vom Hals zu den Schultern. Rhythmisch. Auf. Ab. Das Gesicht hatte sie angehoben, um den Hals zum Waschen zu entblößen. Gleichmäßige Kreise. In Mullers Augen spiegelte sich jede Bewegung wider. Erneut tauchte sie den Schwamm in die Waschschüssel und wusch sich jetzt von den Schultern hinunter zur Brust. Nass glänzende Haut im Lampenschein. Der Schwamm auf dem Bauch, flach und vollkommen, dann weiter zur Rundung der Hüften. Jede Bewegung vertraut, ein Ritual. Ein Urtanz. Ein Traumbild.

Die Bewegung in Richtung Bett war kaum wahrnehmbar. Doch plötzlich saß sie da, am Fußende. Hob ein Bein hoch, mit gestrecktem Fuß, geradeaus. Dann streckte sie den Arm aus und fuhr mit dem Schwamm vom schlanken Schienbein zum Knie, dann zur Leiste. Die am Morgen angespannte Wade hing nun herunter, in einer perfekten Rundung.

Das andere Bein. Die Zeit blieb stehen. Sie glitt zurück zur Waschschüssel, legte den Schwamm hinein.

Dann stellte sie sich vor die Frisierkommode, die Bürste in der Hand. Wieder diese Kopfbewegung, mit der sie die dicken, braunen Haare über ihre Schultern fallen ließ. Sie begann, ihr Haar zu bürsten, rhythmisch, von oben nach unten, von hinten nach vorn, langsame, gleichmäßige Bewegungen. Mit dem anderen Arm hielt sie sich an der Stuhllehne fest, den Busen ein wenig nach vorn gestreckt, als Gegengewicht zu dem Bürsten. Rhythmisch. Bürste hin. Bürste her. Hin. Her. Ein menschliches Metronom.

Auf einmal hob sie die andere Hand und strich mit zarten Fingern durch ihren Schopf. Dann legte sie die Bürste zurück auf die Kommode. Sie stand auf und ging ans Fenster. Dort blieb sie stehen und sah hinaus, als blicke sie ihn an. Ihre Gestalt hob sich dunkel vor dem Schein der Lampe ab. Er wusste, dass sie ihn nicht sehen konnte, aber sie blickte ihn an, und sein Herz schlug schneller. Er schluckte, schluckte wieder und lehnte sich nach vorn, ans Fenster.

Sie reckte sich nach den Gardinen und zog sie zu, erst die eine, dann die andere, und plötzlich war sie weg.

Muller glaubte, ein feines Lächeln um die vollen Lippen gesehen zu haben, aber es waren immerhin zwanzig Schritte …

Ein Bein war eingeschlafen, und er bewegte den Fuß, um die Blutzirkulation anzuregen. Er merkte, dass er den Atem angehalten hatte. Luft holen!, dachte er. Sein Herz schlug wie wild, und dann stieß er heftig den Atem aus. Er stolperte zurück zum Bett und streckte sich auf das Laken, vorsichtig, als würde das helfen, die Bilder zu bewahren.

Erst spätnachts erkannte er: Es war das Haus direkt neben der Polizeiwache. Das Haus des Kommandanten.

Das Haus von Duvenhage.

Er traf Klein Willem Post frühmorgens im Laden der Kooperative – ein hünenhafter junger Mann mit einem dünnen Schnauzer und einer noch hellen, jungenhaften Stimme. Muller erklärte den Grund seiner Anwesenheit und stellte seine Fragen.

Er habe keine Ahnung, sagte Klein Willem Post. Ja, sie hätten manchmal davon geredet, nach Johannesburg zu gehen, er und Tone de Beer. Aber nie richtig ernsthaft. Ja, die Woche über sei es ruhig hier, vor allem jetzt, wo Tone de Beer weg sei. Jetzt sei nur noch er übrig. Der einzige junge Mensch im ganzen Dorf.

»Der einzige?«, fragte Muller.

»Ja. Außer«, – er flüsterte jetzt – »Duvenhages Tochter.«

Dabei tippte er sich mit dem Zeigefinger an die Schläfe und schüttelte mitleidig den Kopf. Aber samstagabends gebe es Tanz in Caledon, er und Tone seien immer zusammen hingeritten. Tone habe da ein Mädchen kennengelernt. Er habe mit ihr angebändelt, ein bisschen jedenfalls. Hester Prinsloo. Ihre Eltern hätten einen Bauernhof hinten auf der anderen Seite von Karweiderskraal.

Ob er sich an nichts erinnere, was vielleicht dabei helfen könne, Antonie de Beer aufzuspüren?

»Nein«, antwortete Klein Willem mit einem bedauernden Kopfschütteln. »Aber wenn Sie ihn finden, Luitenant, dann richten Sie ihm bitte etwas von mir aus. Sagen Sie ihm, man läuft nicht einfach so davon, ohne sich vorher von seinen Freunden zu verabschieden.«

Muller bat um eine Wegbeschreibung zur Farm der Prinsloos, ließ den Chevy an und begab sich auf die kurvenreiche unbefestigte Straße in Richtung Süden.

Hester ähnelte ihrer Mutter nicht im Geringsten. Mevrou Prinsloo war dunkelhaarig und schmal, ihre Tochter war blond und besaß die üppigen Formen einer jungen Frau.

»Mein Vater ist draußen auf dem Feld«, erklärte sie, bat ihn herein, servierte ihm Kaffee und einen Teller Gebäck, lauschte wohlerzogen seinen Erklärungen und beantwortete seine Fragen mit einer gewissen Ehrfurcht und Frömmigkeit, wie sie hier Pfarrern und Ärzten – und Polizisten – entgegengebracht wurde. Muller bemerkte erst jetzt, dass sie auf ihre Art schön war mit ihren runden blauen Augen, dem hohen Busen und den frischen, geröteten Wangen.

»Antonie wollte Farmer werden, daheim in Patensie«, erklärte Hester Prinsloo. »Es war sein großer Traum. Er und mein Vater haben sich die ganze Zeit nur über Landwirtschaft unterhalten. Ich kann einfach nicht glauben, dass er zu den Minen gegangen ist!«

Zwei Meilen vor Botrivier stand sie am Straßenrand. Zuerst sah er das Gelb ihres Kleides, das sich hell vor dem Graugrün des spätsommerlichen Fynbos abhob. Doch er wusste, dass sie es war, noch bevor er ihre vage vertrauten Gesichtszüge endlich erkennen konnte. In einem plötzlichen Impuls bremste er und brachte den Chevy direkt vor ihr zum Stehen, halb in der Erwartung, dass sie wieder blitzschnell über die Straße rennen und wie ein Schatten auf der anderen Seite verschwinden würde.

Doch sie blieb stehen und sah ihm in die Augen, während der große Wagen im Leerlauf vor ihr stand. Muller fühlte sich seltsam beklommen, als er sie sehnsüchtig mit seinen Blicken verschlang. Als ahne er, dass er nie wieder so von Schönheit überwältigt sein würde.

Ihre Augen waren von einem dunklen Schwarzbraun und leuchteten von innen. Von ihrer Stirn gingen längliche, kantige Linien aus, die sich schwungvoll um Augen und Wangenknochen wanden und in perfekter Symmetrie die Umrisse ihres Kinns zeichneten. Ihre Nase war lang und spitz. Die Mundwinkel wiesen ein wenig nach unten; dafür schienen die vollen Lippen jederzeit zu einem Lächeln bereit.

Den Körper unter dem gelben Stoff kannte er bereits. Wieder schlug ihm das Herz bis zum Hals.

Sie ging einen Schritt nach vorn, öffnete die Beifahrer-
tür, glitt geschmeidig hinein und schlug die Tür wieder zu.
Die Hände legte sie auf den Schoß und richtete ihren Blick
darauf.

Nur das Geräusch des Motors im Leerlauf war zu hören.

»Ich habe einmal einen Leoparden gesehen«, sagte sie, ihre
Stimme ein tiefes Fagott. »Dort oben, am Berg.« Sie hob die
Hand, zeigte in die Richtung und ließ die Hand wieder sin-
ken. »Er ist das schönste von allen Tieren, denn alles an ihm
stimmt. Nichts ist überflüssig.«

Muller roch sie: ein eigenartiger, weiblicher Fynbosduft.
Am liebsten hätte er die Hand ausgestreckt und ihre dicken,
braunen Haare berührt, mit einem Finger über die Haut ihres
Unterarms gestreichelt. Er konnte seine Augen nicht abwen-
den, aus Angst, sie könne wieder verschwinden, und es ge-
linge ihm nicht rechtzeitig, ihr Aussehen, ihren Duft, ihre
Zauberkunst tief genug in sein Gedächtnis zu bannen.

»Weißt du, was aus Antonie de Beer geworden ist?«, fragte
er leise.

Sie blickte ihn an, für den Bruchteil einer Sekunde. Ihre
dunklen Augen huschten über sein Gesicht, versenkten sich
in seine. »Er steht manchmal da oben, bei den Tannen an
der Kruiskloof. Dann hält er Ausschau.« Gedankenverloren
wanderten ihre Augen wieder zurück zu den Händen. »Ich
vermisse ihn.« Sie strich mit beiden Händen über das Leder
des Sitzes und über das Metall und das Holz des Armaturen-
bretts.

Er schaltete den Motor aus. Sie öffnete die Tür.

»Möchtest du bis ins Dorf mitfahren?«

Sie war schon mit einem Bein draußen, der nackte Fuß berührte den Boden, doch mit den Händen erkundete sie noch
immer die Materialien im Wageninneren. Er dachte: Ihre

Hände sind genau wie ihr Körper. Wie ihr Gesicht. Makellos, perfekt proportioniert.

»Wie heißt du?«

»Millie«, sagte sie.

Dann war sie weg, geschmeidig wie eine Katze. Sie verschwand im Fynbos, genau wie gestern, und Muller blähte die Nasenflügel, um noch den letzten Hauch ihres Duftes zu erhaschen.

Dann erst hörte er die Vögel, überwältigend laut.

An jenem Nachmittag redete er mit den Leuten im Geschäft und an der Tankstelle. Er ließ sich absichtlich Zeit, wollte sich den Grund aber nicht eingestehen.

Am späten Nachmittag teilte er Duvenhage mit, dass er noch eine Nacht bleiben und seinen Bericht gleich hier schreiben wolle, solange ihm noch alles frisch im Gedächtnis sei.

Er setzte sich in seinem Zimmer an den Tisch. Er schrieb langsam und systematisch, um die Zeit totzuschlagen. Auf jede Unterhaltung und Befragung ging er ein. Er schrieb, er sei auf nichts gestoßen, was der Annahme von Adjutantoffisier Duvenhage widerspreche. Der nächste Schritt könne nur darin bestehen, ein Foto von de Beer nach Johannesburg zu schicken, in der Hoffnung, jemand erkenne ihn wieder.

Muller legte den Stift weg und zog seine Uhr aus der Tasche. Fünf vor acht. Er löschte die Lampe, ging ans Fenster und zog geräuschlos und behutsam die Gardinen auf – verstohlen wie ein Dieb.

Ihr Zimmer war dunkel.

Sein Gewissen lachte ihn aus. Ein Polizist, der heimlich zum Fenster hinausspähte, der seine Arbeit extra langsam erledigte, damit er eine Nacht länger bleiben konnte – nur, um sie wiederzusehen.

Er sah sie in dem Augenblick, als sie in der Zimmertür erschien, die Lampe in der Hand. Das letzte Mal, dachte er. Das letzte Mal im Leben, dass er sie so sehen würde. Wieder war er wie verzaubert, genau wie beim ersten Mal. Was hatte sie über die Raubkatze gesagt? Sie war selbst eine Leopardin. Sie zog sich aus, sie wusch sich, in diesem göttlichen Rhythmus. Und als sie fertig war, stellte sie sich wieder zum Abschied ans Fenster. Ihre Augen waren auf sein Zimmer gerichtet, und es war, als könne sie ihn sehen, auch wenn er wusste, dass das unmöglich war.

Sie zog die Gardinen zu.

Muller blieb vor dem Fenster stehen. Er starrte auf die geschlossenen Gardinen und schmeckte sein Verlangen. Er wankte zum Tisch, setzte sich, die Augen geschlossen. Er fühlte das Blut in seinen Schläfen pochen.

Als er die Augen wieder öffnete, fiel sein Blick auf den Namen Hester Prinsloo in seinem Bericht. Unwillkürlich verglich er sie mit der Frau im Fenster. Mit Millie Duvenhage.

Dann richtete er sich plötzlich auf, und ein beklemmendes Gefühl breitete sich von seiner Magengrube her aus.

Dies hier war die Stube von Antonie Wentzel de Beer.

Auch der Konstabel hatte das Ritual beobachtet, Muller war sich ganz sicher. Jeden Abend hatte er die vollkommene Schönheit Millie Duvenhages erblickt, ihren sinnlichen Tanz im Lampenschein. Selbst wenn er der hübschen, großbusigen Bauerntochter den Hof gemacht hatte – dieser schimmernd glatte Körper im Fenster, die fließenden Bewegungen, der Rhythmus …

Plötzlich war er felsenfest überzeugt, dass de Beer nicht desertiert war. De Beer konnte gar nicht desertieren. De Beer war ein Gefangener, genau wie er selbst mittlerweile.

Wieder klangen ihm die Worte von Adjutantoffisier Duvenhage im Ohr: Starren ständig aus dem Fenster die Straße runter. Er erinnerte sich an den Tonfall, diese hilflose Entschlossenheit, die darin mitgeschwungen hatte.

Muller stand auf, nahm seinen Bericht und riss ihn in der Mitte entzwei, einmal längs, einmal quer.

Dann ging er zur Hintertür hinaus, an Millie Duvenhages Fenster vorbei, bog um die Ecke und gelangte zur Vordertür.

Er klopfte an. Schritte auf dem Holzfußboden. Duvenhage öffnete.

Er wirkte nicht erstaunt, als hätte er Muller erwartet.

»Ich glaube, wir müssen uns unterhalten, Adjutant«, sagte Muller und trat ein.

Ein Suchtrupp aus Caledon fand de Beer am nächsten Tag in einem flachen Grab in der Kruiskloof, am Fuße einer großen Tanne. Unter der Leiche des Konstabels lagen sein Bettzeug und seine persönlichen Gegenstände. Der Kissenbezug war rot befleckt.

Duvenhage wiederholte sein Geständnis dem Dienststellenleiter in Caledon gegenüber. Er hatte Antonie Wentzel de Beer erschossen. Mit seiner Dienstpistole. Im Schlaf.

»Ich habe das Kissen vor den Lauf gehalten, um das Geräusch zu dämpfen. Dann habe ich ihn auf dem Pferd hoch in die Kruiskloof gebracht.«

»Warum?«, fragte Muller erneut.

Duvenhage schwieg, ebenso wie am Abend zuvor. Doch sein Blick wanderte hinaus aus dem Fenster, die Straße hinunter.

Die uniformierten Kollegen aus Caledon brachten Duvenhage im Meraai nach Kapstadt. Muller blieb noch etwa zwei Stunden länger, weil er wissen wollte, ob die Suchtrupps die Tochter fanden.

Die Tochter. Niemand im Dorf nannte sie bei ihrem richtigen Namen. »Die Tochter«, sagten sie nur. Begleitet von einem mitleidigen Kopfschütteln.

Gegen Sonnenuntergang wusste Muller, dass man sie nicht finden würde. Jedenfalls nicht heute. Er lud seine Sachen in den Chevy, verabschiedete sich und fuhr los. Er schaltete die Scheinwerfer ein, denn es war bereits stockdunkel. Er fuhr langsam, erfüllt von Hoffnung.

Er erreichte die Stelle, an der er sie zum ersten Mal gesehen hatte.

Er hielt an.

Nichts. Nur Sterne und Stille.

Schließlich fuhr er weiter, widerstrebend, enttäuscht.

Erst später, hinter Grabouw, fragte er sich, ob er am Wochenende würde arbeiten müssen. Ob ihn vielleicht jemand mitnehmen könne, der in Richtung Hermanus fuhr, sodass er in Botrivier aussteigen konnte.

Er sah auf die Uhr. Es war kurz nach acht.

Schnee in Johannesburg

Ivan Vladislavić

Ich lebe auf einer Insel, einer Insel aus Zufall, die durch geografische Bedingungen und Stadtplaner entstanden ist, die die Straßen dieser Stadt entwarfen. Roberts und Kitchener, Hauptstraßen in den Uniformen englischer Soldaten, marschieren stracks in östlicher Richtung nebeneinanderher. Ein Felsgrat, Ausläufer des goldhaltigen Riffs, von dem die Stadt lebt, versperrt, mit Ausnahme der Blenheim und der Juno, jeden Durchgang zwischen diesen beiden Hauptstraßen. Wenn es mich, was häufig geschieht, zu einem Spaziergang hinaustreibt, dann bringt mich nur die große Runde, immer den Gestaden Blenheim, Roberts, Juno und Kitchener folgend, wieder zu meinem Ausgangspunkt zurück. Johannesburg brandet und ebbt wie die Gezeiten. Die Schuhe voller Sand, komme ich wieder zu Hause an, leere meine Taschen auf den Küchentisch und betrachte, was ich gefunden habe. Das Dröhnen in der Luft kündet hier allerdings davon, dass es kein Wasser gibt.

Mein Freund Paul besaß ein Haus auf der Klippe in der Bellevue Street. Einmal lehnten wir abends an der Balkonbrüstung und schauten über die Dächer im Bez Valley, mit den blinkenden Lichtern auf der Hügelkette von Yeoville in der Ferne, die wie Leuchtfeuer auf Landzungen aussahen, als er meinte, dass es schön wäre, wenn man einen Damm errichtete und das Tal voll Wasser laufen ließe, jedes Haus und jede

Fabrik, jede Antenne und jeden Schornstein ertränkte. Dann hätte er ein Meer unter sich, das seiner Meeresaussicht gerecht würde. Wenn man die Augen schloss, dann hörte sich der Verkehr auf der Kitchener Avenue unten im Tal, das Zischen von Reifen auf Teer, fast wie Brandung an.

Einen Augenblick lang wurde mir die Muschel dieser Stadt ans Ohr gehalten.

Johannesburg gehört, wie die Leute häufig bemerken, zu den wenigen Großstädten dieser Welt, die keinen Fluss, keinen See oder Ozean vorweisen können. Zwar gibt es ein Riff, das schon, aber ins Wasser springen kann man davon nicht.

An den Nachmittagen spaziere ich an etwas entlang, das so unnatürlich und vereinnahmend wirkt wie eine überdehnte Metapher.

Im September 1981 schneite es in Johannesburg zum ersten Mal seit Jahrzehnten. Ich arbeitete damals für eine Bergwerksgesellschaft in der Innenstadt. Es gab eine Anweisung des Unternehmens, die besagte, dass man mit dem Rücken zum Fenster zu sitzen hatte, um Ablenkungen durch Sonnenschein und blauen Himmel zu vermeiden. Ich hätte demzufolge das Einsetzen des Schneefalls durchaus verpassen können, wenn mich nicht ein Kollege aus dem Nachbarbüro angerufen und mir gesagt hätte, dass ich mal raussehen sollte.

Ich stellte die Lamellen der Jalousie schräg, sah zu, wie die Flocken rieselten, und dachte dabei, dass der Zauber in ein paar Minuten vorbei sein würde. Eins nach dem anderen füllten sich die erleuchteten Fenster der umliegenden Gebäude mit Menschen. Schneefall in Joburg. Im Frühling. Es war unfassbar.

Zunächst sprenkelte der Schnee den Asphalt und die Autodächer auf dem Parkplatz um die Ecke. Dann wurde nach und nach alles in Weiß gehüllt. Und es schneite weiter. Kollegen aus anderen Abteilungen kamen in mein Büro, weil man von hier aus bessere Sicht hatte. Sie kicherten und alberten herum. Irgendjemand zog die Jalousien auf, damit wir besser sehen konnten, und eine Schreibkraft öffnete ein Fenster und fing ein paar Flocken auf der Handfläche.

Als das Schneetreiben immer dichter wurde, konnte man beobachten, wie die Erwartungen stiegen, wie ein Wunsch unter uns umging, der uns zu einer ganz neuen Gemeinschaft werden ließ, die ein einziger, erfrischender Gedanke verband: Lass es bloß nicht aufhören. Lass es weiterschneien. Lass es weiterschneien, bis Schneewehen auf den Straßen liegen und wir eingeschneit sind, wenigstens dieses eine Mal.

Bald darauf wurden die Fenster in einigen anderen Häuserzeilen dunkel, und wir sahen die Menschen auf die Straße kommen und wie Kinder herumtollen, die man vorzeitig aus der Schule nach Hause geschickt hat. Mein Chef aber war ein Paragrafenreiter, und wir mussten an unsere Schreibtische zurück. Als man uns schließlich erlaubte zu gehen, nur eine halbe Stunde früher als üblich, waren fünfzehn Zentimeter Schnee gefallen. Und noch gab es keine Anzeichen dafür, dass es aufhören würde.

Der Schnee verwandelte die Stadt in ein Märchenland. Und wir alle waren Teil dieses Märchens. Überall kam es zu Staus, doch das war egal, weil sie die Zeit verlängerten, die wir draußen sein konnten. Auf der Straße machten weiße Geschäftsleute und schwarze Zeitungsverkäufer eine Schneeballschlacht. Mein Doppeldecker kroch langsam die Eloff Street hinauf. Unser Bus (nur für Weiße) wurde wiederholt von Banden schwarzer Schneeballwerfer angegriffen, Boten und Reinigungskräfte aus den umliegenden Bürovierteln, die sich einen Spaß daraus machten, uns zu bombardieren. Sie zielten absichtlich auf unsere Fenster, sodass wir sie öffnen und abwischen mussten, wenn wir weiterhin etwas sehen wollten, und

damit hatten sie die Gelegenheit, uns mit Schneebällen einzu-
decken. Nach einiger Zeit kam ein Stratege auf dem Oberdeck
auf die Idee, dass man sich ja Schnee vom Dach des Busses
holen konnte, und lehnte sich, mutig sich einem Schneeball-
hagel aussetzend, aus dem Fenster und kratzte genug Schnee
zusammen, um einen Gegenangriff zu starten. Es dauerte an-
derthalb Stunden, bis wir an der Bushaltestelle an der Ecke
Joubert Park ankamen, wo schon die ersten Schneemänner
standen. Doch das fiel kaum jemandem auf. Jedes Fahrzeug
war Teil eines Karnevalsumzugs geworden. Jeder Fahrer, der
sich darüber wunderte, dass seine Räder unerwartet weg-
rutschten, kam sich vor wie ein Fisch auf dem Trockenen und
fühlte sich als Teil eines großen Experiments.

Das Weiß fiel unaufhörlich, diese kalte und fremde Substanz. Die Leute zogen sich gegenseitig damit auf. »Sie wollen
weiß sein?«, meinten die Zeitungsverkäufer. »Nun, hier kriegen Sie es. Wie gefällt Ihnen das?« Und die Geschäftsleute
erwiderten: »Glaubt ihr etwa, ihr wärt weiß, nur weil ihr mit
Schneebällen auf uns werft? Dann probierts doch mal mit dieser Größe!« Und dieses »Weißsein«, dieses »weiße« Zeug war
nichts weiter als Schaum, der zwischen den Fingern schmolz
oder auf der Schulter platzte, die man schnell hochgezogen
hatte, um sich zu schützen, war etwas kaum zu Glaubendes
und Verrücktes, mit dem man spielen konnte, das keinen
Schaden zufügte, das nicht blieb.

Ich hatte mich mit Janice in Hillbrow verabredet. Im Bus
beschloss ich, Weihnachten in diesem Jahr vorzuziehen, und
so ging ich zu Exclusive's und kaufte ihr ein Buch, den Ma-
tisse, der bei Thames & Hudson herausgekommen war. Das
konnte ich mir eigentlich gar nicht leisten – doch der Schnee
hatte mich großzügig gemacht. Ich wollte mit diesem knall-
bunt eingepackten Paket unter dem Arm durch die Straßen
schlendern wie eine Gestalt in einer Geschichte von O. Henry.

Wir trafen uns im Gattopardo Coffee Shop, und ich gab ihr das Buch. Und sie schenkte mir eine Strickjacke, die ich unter mein Sakko ziehen konnte. Dann gingen wir stundenlang spazieren, rutschten und schlitterten wie alle anderen, hielten uns an völlig Fremden fest, um nicht hinzufallen.

In der Pretoria Street, direkt vor dem Ambassador Hotel, fasste mich ein farbiger Stadtstreicher, der barfuß im Schnee stand, am Arm und sagte: »Keine Sorge, Boss, Gott taut nur Seinen Kühlschrank ab.«

Als der Schnee fiel, war Louise gerade in Durban. Sie fuhr die ganze Strecke zurück, nur um den Schnee zu erleben, doch als sie ankam, war schon fast alles geschmolzen. Innerhalb von ein oder zwei Tagen war die Stadt zu ihrer unterkühlten Normalität zurückgekehrt, und vom ganzen Schneetreiben waren nur noch ein paar Schneemänner übrig, die im Joubert Park auf dem Rasen vor sich hinschmolzen wie ein paar törichte Europäer, die zu viel Sonne abbekommen hatten.

Nachwort

Reisen durch Südafrika nehmen oft in Kapstadt ihren Anfang. Schon der portugiesische Seefahrer Bartolomeu Dias errichtete 1488 nach seiner Umsegelung des Kaps einen Wappenpfeiler in der Bucht zu Füßen des Tafelbergs, und Jan van Riebeeck, der niederländische Arzt und Kaufmann im Dienst der Vereinigten Ostindischen Companie, errichtete 1652 ebenda die Versorgungsstation für Handelsschiffe, aus der später die Stadt erwachsen sollte. Kapstadt ist seither ein Orientierungspunkt geblieben, auch der Imagination. Das zeitgenössische Kapstadt mit dem Flair einer modernen, europäisch anmutenden Millionenmetropole einerseits und einer archaisch überwältigenden Natur aus Ozeanen und Berghöhen andererseits skizziert die junge, preisgekrönte Autorin *Henrietta Rose-Innes*.

Wer dann seine Schritte von Kapstadt aus nordwärts richtet, erreicht zunächst die Kleine Karoo, eine Halbwüste. Südwärts hingegen lockt die Kaplandschaft mit Wäldern, Gärten, Büschen und Blumen, mit Pavianen, Straußen und Pinguinen, wie sie *Alan Paton*, einer der Gründerväter der englischsprachigen südafrikanischen Literatur, beschreibt.

Gen Osten hin, entlang der Garden Route am Indischen Ozean, führt der Weg wiederum nach Hermanus, wo sich im südafrikanischen Frühsommer die Wale einstellen, um in der geschützten Bucht zu kalben. *Zakes Mda*, der Maler, Regisseur und Romanautor, schildert bildhaft das Aufeinandertreffen von Tier und Mensch so nahe an der Küste. Das Verhältnis von Natur und Mensch thematisieren ebenso *Breyten Breytenbach*, *Nadine Gordimer* und *Thomas Mofolo*. Sie veranschaulichen zugleich den Facettenreichtum der südafrikanischen Literatur, denn Breytenbach, der Maler, Erzähler und Poet, der wegen seines Anti-Apartheid-Einsatzes einst jahrelang inhaftiert war, steht für das afrikaanse Erbe der niederländisch-kapholländischen Kulturtradition, während Gordimer, die Nobelpreisträgerin von 1991, ein Aushängeschild der englischsprachigen Literatur Südafrikas darstellt. Ihre im Krüger-Park angesiedelte Erzählung erweitert darüber hinaus den europäisch geprägten Blick und lenkt ihn auf die vielen anderen Volksgruppen Südafrikas, als deren Vertreter Mofolo dem Zulu-Herrscher Shaka ein literarisches Denkmal setzte. Um Mensch und Natur, Mensch und Mythos und um die früheste Bevölkerung Südafrikas kreist hingegen immer wieder das umfangreiche Werk *André Brinks,* das seit Langem als nobelpreiswürdig gilt.

Wie die literarischen Größen Breytenbach, Brink und Gordimer sind auch *James Matthews, William Bloke Modisane* und *Can Themba* Kritiker der Apartheidpolitik. Dass ihre nicht minder maßgebliche Literatur in Europa ungleich weniger rezipiert wurde als diejenige ihrer erstgenannten Schriftstellerkollegen, wirft ein bezeichnendes Licht auf hiesige Wahrnehmungsmuster. Ihre Texte sind überwiegend im städtischen Raum angesiedelt und schildern die Mühen des täglichen Überlebens der ausgegrenzten Mehrheitsbevölkerung Südafrikas. Diese Geschichten zeugen von unterschiedlichen und mitunter gegensätzlichen Perspektiven und Erinnerungen in der südafrikanischen Bevölkerung. Um die zumindest unterschwellig zum Teil noch spürbaren Nachwirkungen der von 1990 bis 1994 schrittweise außer Kraft gesetzten Apartheidpolitik verstehen zu können, sind ihre Erzählungen, die von Repressalien, Frustrationen und Aufbegehren handeln, unvermindert hilfreich. Wer als Tourist durch Südafrika reist und die Annehmlichkeiten eines dienstbeflissenen Servicepersonals zu schätzen lernt, wird realisieren, dass bei einem Wechsel der Perspektive nicht nur eine andere soziale Schicht erkennbar wird, sondern auch eine andere Art von Emoti-

onen und weit in die Vergangenheit zurückreichenden Vor-
behalten.

1990 war nicht nur das Jahr, in dem begonnen wurde,
nach und nach Apartheidgesetze aufzuheben, sondern es
war zudem das Jahr, in dem *Nelson Mandela,* am 11. Februar,
aus seiner fast achtundzwanzig Jahre währenden Haft entlassen wurde. Und das Jahr 1994 stellt insofern eine Zäsur
in der Geschichte Südafrikas dar, als in jenem Jahr erstmals
die Gesamtbevölkerung Südafrikas an freien, geheimen und
gleichen Wahlen teilnehmen konnte, die Mandela, der Frie-
densnobelpreisträger von 1993, überwältigend gewann. In
seiner Autobiografie dokumentiert er seine überwiegend auf
Robben Island, der wenige Kilometer vor Kapstadt im Atlan-
tik gelegenen Insel, verbrachten Gefängnisjahre. Den gegen-
wärtigen Einsatz gegen Kriminalität und Korruption und die
damit verbundenen Schwierigkeiten erläutert *Jonny Steinberg*
in seinem Essay über einen Polizeibeamten.

Freilich ist das Bild Südafrikas nicht nur von Natur und
Tier, von Apartheid und Kriminalität geprägt, sondern auch
von Lebenslust, Sport und einem permanenten gesellschaft-
lichen Wandel. *Sarah Lotz* schildert humorvoll Südafrika im
Jahr der Fußballweltmeisterschaft 2010, und *Anne Landsman*
ergänzt eine explizit weibliche Perspektive. *Deon Meyer* und
Ivan *Vladislavić* zeigen wiederum, dass sich mit der südafrikanischen Gesellschaft auch die südafrikanische Literatur in
ihrer mehrstimmigen Gesamtheit zu einer Vielfalt an Stilen
und Sichtweisen geöffnet hat. Meyer gilt als Meister des Kri-
mi-Genres, und der bei Kapstadt wohnende Autor findet seine Leserschaft auch in Übersee. Vladislavić dagegen wird als
feinsinniger Schöpfer literarischer Miniaturen geschätzt. Wie
ein Flaneur in Paris zu Beginn des 20. Jahrhunderts streift er
durch die südafrikanische Gegenwart und macht mit Detail-
beobachtungen ersichtlich, wie sich die Menschen im heuti-

gen Südafrika zurechtfinden, einrichten und es neu gestalten. Vladislavićs mikroskopischem Blick auf seine Heimatstadt Johannesburg entsprechen Rose-Innes' Betrachtungen über Kapstadt, und so sind es gerade diese vermeintlich fragmentierten Aspekte, die im Kleinen erkennen und sichtbar machen, welche Wandlungen sich im Südafrika der Jetztzeit ereignen. Und als Reisender ist man immer mit dabei.

Manfred Loimeier

Worterklärungen

Afrikander in Südafrika Bezeichnung für einen dort geborenen Weißen holländischer Herkunft, vormals *Bure* genannt, heute *Afrikaaner*

ANC Kurzform für *African National Congress;* südafrikanische Partei, die seit 1994 die Regierung der Republik Südafrika stellt

Assegai Speer

Baas Boss, Chef

Bafana Bafana Spitzname für die südafrikanische Fußballnational- mannschaft (*bafana* ist Nungi und bedeutet »Jungs«)

Bez Valley (eigentlich *Bezuidenhout Valley*) Vorort von Johannesburg

Buren Angehörige der weißen Bevölkerungsgruppe Südafrikas und Namibias, deren Muttersprache Afrikaans ist

Cango Caves komplexes Höhlensystem in Südafrika (Provinz Westkap)

DA Kurzform für *Democratic Alliance;* südafrikanische Partei und eine der größten Oppositionsparteien zum regierenden ANC

Dagga Marihuana

Dias, Bartolomeu (1450–1500) portugiesischer Seefahrer und Entdecker, der 1487/88 als erster Europäer die Südspitze Afrikas umsegelte

Fort Hare Universität in der südafrikanischen Provinz Ostkap

Fynbos die sehr artenreiche Vegetation des Kaplandes in Südafrika

Ghoera Instrument der Khoisan-Bevölkerung

Haiyibo (auch *Hayibo*) auf Xhosa und Zulu Ausdruck der Verwunde- rung und der Verärgerung

Heitsi-Eibib mythologische Figur bei den Khoikhoi

High Organ (auch *High Command*) Gruppierung von ANC-Mitglie- dern auf Robben Island, deren Vorsitz Nelson Mandela hatte

Homeland früher für bestimmte Teile der schwarzen Bevölkerung zu- gewiesenes Siedlungsgebiet in Südafrika

Hoy's Koppie heute ein Aussichtspunkt, von welchem man Hermanus überblicken kann

Joburg Kurzform für Johannesburg

Kapmalaien ethnische Gruppe in Südafrika, die ihre Herkunft auf muslimische und malaiische Sklaven zurückführt

Karoo Halbwüstenlandschaft in den Hochebenen des Landes Süd- afrika, nördlich der Großen Randstufe und im südlichen Namibia

Khoikhoi (auch *Khoi*) Gruppe kulturell und sprachlich eng miteinan- der verwandter Völker in Südafrika und Namibia

Kougoed (auch *Kanna*) südafrikanisches Mittagsblumengewächs

Kraal ursprünglich eine kreisförmige Siedlung mit einer streng gere-
gelten sozialen Struktur; heute ein Viehgehege

Krüger-Park (eigentlich *Kruger National Park*) das größte Wildschutz-
gebiet Südafrikas; grenzt im Norden an Mosambik

Melktert südafrikanische Süßspeise

Merrum verwaschene Aussprache von »Madam«

Mount Nelson Luxushotel in Kapstadt

Mugabe, Robert Gabriel (geboren 1924) seit 1987 als Präsident Staats-
oberhaupt von Simbabwe; regiert das Land seit einigen Jahren als
Diktator

O. Henry (eigentlich William Sydney Porter, 1862–1910) US-amerika-
nischer Schriftsteller

PAC Kurzform für *Pan Africanist Congress* (später der *Pan Africanist
Congress of Azania*); ehemalige südafrikanische Befreiungsbewe-
gung und ist heute eine eher unbedeutende politische Partei

Parade (auch *Grande Parade*) Blumen-, Gemüse- und Stoffmarkt vor
der alten City Hall in Kapstadt

Posh Spice Spitzname für Victoria Beckham als Mitglied der britischen
Popgruppe Spice Girls

Robben Island Insel vor Kapstadt, die bis 1996 als Gefängnis genutzt
wurde. Der ehemalige Präsident Nelson Mandela war 1964–1982
dort inhaftiert

Russen Gang in Johannesburg; meist Sotho sprechende Männer

Shack Baracke, Hütte

Sotho verschiedene Ethnien der Bantu

Suburb Vorort

Tottenham Hotspurs britischer Fußballverein

Township von Farbigen bewohnte städtische Siedlung

Tsui-Goab höchster Gott der Khoikhoi

Van Zyl südafrikanischer Farmer, der 1780 die Cango Caves (wieder-)
entdeckte

Verwoerd, Hendrik Frensch (1901–1966) Soziologe und Politiker; gilt
als der ideologische Begründer der Apartheid-Politik; von 1958 bis
zu seiner Ermordung Ministerpräsident Südafrikas

Vuvuzela trötenähnliches Blasinstrument

Vygies Pflanze gehörend zur Familie der Mittagsblumengewächse

Xhosa südafrikanisches Volk, das sprachlich zu den Bantu gehört

Autorinnen und Autoren

Mit * gekennzeichnete Titel wurden für diese Anthologie vom Verlag neu gesetzt.

Breyten Breytenbach

geboren 1939, studierte Literatur und Kunst in Kapstadt und wurde als Dichter, vielfach ausgezeichneter Autor und Künstler bekannt. 1961 zog er nach Paris und gründete eine Anti-Apartheid-Organisation. Bei einer heimlichen Einreise 1975 nach Südafrika wurde er verhaftet und kam sieben Jahre ins Gefängnis. Sein Werk liegt umfangreich auf Deutsch vor.
»Montagu«*, aus: Breyten Breytenbach, *Mischlingsherz. Eine Rückkehr nach Afrika*. © Carl Hanser Verlag, München 1999. Aus dem Englischen von Matthias Müller.

André Brink

geboren 1935, vormals Professor für afrikaanse Literatur und Kreatives Schreiben in Kapstadt, zählt zu den berühmtesten Anti-Apartheid-Autoren Südafrikas und galt lange als Kandidat für den Literaturnobelpreis. Sein umfangreiches Roman-Werk liegt weitgehend in deutschsprachiger Übersetzung vor.
»Die Funkenfrau«*, aus: André Brink, *Kupidos Chronik*. © Osburg Verlag, Berlin 2008. Aus dem Englischen von Inge Leipold.

Nadine Gordimer

geboren 1923, erhielt 1991 den Nobelpreis für Literatur und hat ein umfangreiches Werk von Romanen und Erzählungen vorgelegt, das vollständig ins Deutsche übersetzt wurde.
»Die endgültige Safari«, aus: Nadine Gordimer, *Die endgültige Safari*. S. Fischer, Frankfurt a. M. 1992. © Nadine Gordimer 1989. Aus dem Englischen von Regine Laudann und Stefanie Schaffer-de Vries.

Anne Landsman

geboren 1959 in Worcester, Südafrika, studierte in Kapstadt und New York und lebt heute in Manhattan. Für ihren Debütroman *Die Brautkammer* erhielt sie den PEN/Hemingway-Preis und stand mit dem Buch wochenlang auf südafrikanischen Bestsellerlisten. 2009 wurde sie mit dem Sunday-Times-Fiction-Preis ausgezeichnet.

»Das Geheimnis der Cango Caves«*, aus: Anne Landsman, *Die Braut-kammer*. Goldmann, München 2008. © Anne Landsmann 1997. Aus dem Englischen von Juliane Lochner.

Sarah Lotz
geboren 1971, lebt bei Kapstadt, arbeitet als Drehbuchautorin für das südafrikanische Fernsehen und hat bisher drei ironische Kriminalromane veröffentlicht.
»Schock«, aus: Manfred Loimeier (Hg.), *Elf. Fußballgeschichten aus Südafrika*. © Peter Hammer Verlag, Wuppertal 2010. Aus dem Englischen von Thomas Brückner.

Nelson Mandela
geboren 1918, studierte Jura an der Witwatersrand Universität Johannesburg und gründete 1944 die Jugendorganisation des ANC. Als maßgeblicher Anti-Apartheid-Aktivist wurde Mandela 1962 inhaftiert und kam erst 1990 wieder frei. Von 1994 bis 1999 Präsident Südafrikas. Mandela wurde 1993 mit dem Friedensnobelpreis ausgezeichnet.
»Meine Zeit auf Robben Island«*, aus: Nelson Mandela, *Der lange Weg zur Freiheit*. © Nelson Rolihlaha Mandela 1994. Für die deutsche Übersetzung © S. Fischer Verlag, Frankfurt a. M. 1994. Aus dem Englischen von Günter Panske.

James Matthews
geboren 1929, geboren in Kapstadt, arbeitete als Journalist und wurde vom Apartheid-Regime mit Hausarrest, Gefängnis, Bann und Zensur belegt. Auf Deutsch erschienen ein Erzählungsband sowie mehrere Gedichtbände und Romane.
»Der Park«, aus: James Matthews, *So ist das nun mal, Baby!* © Peter Hammer Verlag, Wuppertal 1977. Aus dem Englischen von Anneliese Rutkies.

Zakes Mda
geboren 1948, wuchs in Lesotho und Soweto auf, emigrierte 1963 in die USA, studierte in Ohio und kehrte 1995 nach Südafrika zurück. Arbeitet als Theaterregisseur, Maler und Autor und lebt seit 2008 wieder in den USA. Auf Deutsch erschienen die Romane *Die Madonna von Excelsior* sowie *Der Walrufer*.

»Der Walrufer«*, aus: Zakes Mda, *Der Walrufer*. © Unionsverlag, Zürich 2006. Aus dem Englischen von Peter Torberg.

Deon Meyer
geboren 1958, arbeitete als Journalist und PR-Berater und gilt als einer der erfolgreichsten Krimi-Autoren Südafrikas. Deon Meyer wurde vielfach ausgezeichnet, unter anderem mit dem Deutschen Krimipreis.
»Verschwunden«*, aus: Deon Meyer, *Schwarz Weiss Tot*. © Aufbau Verlag GmbH & Co. KG, Berlin 2009 (Die deutsche Erstausgabe erschien 2009 im Aufbau-Verlag; Aufbau ist eine Marke der Aufbau Verlag GmbH & Co. KG). Aus dem Afrikaans von Stefanie Schäfer.

William Bloke Modisane
geboren 1923 in Johannesburg, zählte zu dem Journalistenkreis, der das Magazin *Drum* herausbrachte, und arbeitete als Jazz-Kritiker für die *Golden City Post* sowie als Schauspieler. Exilierte 1959 nach England und starb 1986 in Dortmund.
»Weiß ist das Gesetz«, aus: William Bloke Modisane, *Weiß ist das Gesetz*. Droemer Knaur, München 1964. © William Bloke Modisane 1964. Aus dem Englischen von Janheinz Jahn.

Thomas Mofolo
geboren 1876, gestorben 1948, Mitarbeiter in der Druckerei einer Missionsgesellschaft sowie Lehrer, verfasste mit *Chaka Zulu* nach dem Mythos des legendären Zulu-Herrschers ein Hauptwerk der südafrikanischen Literatur.
»Chaka tötet einen Löwen«, aus: Thomas Mofolo, *Chaka Zulu*. © Manesse Verlag, Zürich 1988, in der Verlagsgruppe Random House GmbH, München. Aus dem Englischen von Peter Sulzer.

Alan Paton
geboren 1903, studierte Physik, Mathematik und Pädagogik in Pietermaritzburg. Arbeitete als Lehrer, leitete bis 1948 bei Johannesburg eine Erziehungsanstalt und gründete 1953 die Liberale Partei Südafrikas. 1954 Ehrendoktor der Universität Yale. Verfasser mehrerer Romane. Paton starb 1988.
»Das Kap«, aus: Alan Paton, *Südafrika. Land und Leute*. © Wolfgang Krüger, Hamburg 1956. Aus dem Englischen von Martha Hackel.

Henrietta Rose-Innes
wurde 1971 in Kapstadt geboren, studierte Archäologie und Kreatives
Schreiben und arbeitet als Dozentin für Kreatives Schreiben an der Universität Kapstadt. Sie lebte als Stipendiatin in Stuttgart und auf Sylt und
wurde mit dem PEN-Preis sowie dem Caine Prize for African Writing
ausgezeichnet.
»Zehn Standorte«*, aus: Henrietta Rose-Innes, *Dream Homes*. © Henrietta Rose-Innes 2008. Aus dem Englischen von Susanne Hartmann-
Olpak.

Jonny Steinberg
geboren 1970, studierte an der Witwatersrand Universität Johannesburg und erhielt anschließend ein Rhodes-Stipendium für Oxford. Er
promovierte dort über Politische Philosophie, kehrte 1998 nach Südafrika zurück und arbeitete dort als Journalist. Zweifacher Preisträger des
Alan-Paton-Preis.
»Auf Patrouille mit Constable T.«, aus: Renate Wilke-Launer (Hg.), *Südafrika – Katerstimmung am Kap*. © Brandes & Apsel, Frankfurt a. M.
2010. Aus dem Englischen von Gisela Albrecht.

Daniel Canadoce Themba
geboren 1924 bei Pretoria, studierte am Fort Hare University College.
Er unterrichtete Englisch in Sophiatown, Johannesburg, und gewann
mit der hier veröffentlichten Geschichte 1953 einen Kurzgeschichten-
Wettbewerb der legendären Zeitschrift *Drum*. Später selbst Redakteur
dieser einflussreichen Zeitschrift. 1963 exilierte er nach Swasiland, 1966
wurden seine Werke in Südafrika verboten. 1969 gestorben.
»Volkswut«, aus: Peggy Rutherfoord (Hg.), *Dunkel und Licht*. © Nym-
phenburger, München 1961. Aus dem Englischen von Waltraud Neu-
häuser-Maschke.

Ivan Vladislavić
geboren 1957 in Pretoria, studierte englische und afrikaanse Literatur,
arbeitet als Lektor und ist ein mehrfach preisgekrönter Autor, der zu
den Vertretern einer nicht-realistischen Literatur in Südafrika zählt. Auf
Deutsch erschienen von ihm ein Erzählungsband, ein Roman und der
Band *Johannesburg. Insel aus Zufall*.
»Schnee in Johannesburg«*, aus: Ivan Vladislavić, *Johannesburg. Insel*

aus Zufall. © A1, München 2008. Aus dem Englischen von Thomas Brückner.

Der Verlag dankt den Autorinnen und Autoren diese Bandes, bzw. deren Vertretern, für die Überlassung der Abdruckrechte. Trotz intensiver Bemühungen konnten in einzelnen Fällen die Rechteinhaber nicht ermittelt werden. Sie werden gebeten, sich mit dem Verlag in Verbindung zu setzen.
Even with great effort some of the copyright holders could not be found. They are kindly requested to contact Unionsverlag.

Der Herausgeber

Manfred Loimeier, geboren 1960, hat in Tübingen, Wien, Basel und Berlin Germanistik, Kunstgeschichte und Philosophie studiert, in Bayreuth in Vergleichender Literaturwissenschaft promoviert und in Heidelberg über Afrikanische Literaturen habilitiert. Er arbeitet als Journalist, Buchautor und Privatdozent und reist seit einem Vierteljahrhundert immer wieder nach Südafrika. Zeitgleich mit *Südafrika fürs Handgepäck* erscheint im Brandes & Apsel Verlag sein Essayband *Szene Afrika*.

Bildnachweis

Foto Umschlaginnenseite: Valerie Crafter

» Was der klassische Reiseführer nicht leisten kann,
fördern die handlichen Bände gezielt zutage.«
Der Tagesspiegel

Mehr über alle Bücher und Autoren auf *www.unionsverlag.com*